D1731968

Círculo Rojo

Vorträge und Aufsätze etwas Wissendes

Vorträge und Aufsätze etwas Wissendes

Jordan Berzal

Círculo Rojo
EDITORIAL

Primera edición: septiembre 2020

Depósito legal: AL 1840-2020

ISBN: 978-84-1374-170-3

Impresión y encuadernación: Editorial Círculo Rojo

© Del texto: Jordan Berzal
© Maquetación y diseño: Equipo de Editorial Círculo Rojo
© Fotografía de cubierta: Depositphotos.com

Editorial Círculo Rojo
www.editorialcirculorojo.com
info@editorialcirculorojo.com

Impreso en España — Printed in Spain

El papel utilizado para imprimir este libro es 100% libre de cloro y por tanto, **ecológico**.

Índice:

Einführung

Hiermit werden die Schlüsselsätze des Weges der Philosophie Herrn Berzals als die Wörter einer neuen Wissenheit, die sich nach Heideggers Erfassung und Kritik nach dem Sein, die eine ganze Philosophie unter Verdacht und Ersaztsituation eines neuen Forschungweges stellte, und damit einen neuen Wissenweg schuff. Hier erscheinen die Folgen einer solchen neuen Anfangsphilosophie. Hier werden die Gründe des Denkens selbst der Philosophie des Wissens nachgefragt und eine Theorie entwickelt, die sich in diesen Sätzen vordenken wird, um eine Praxis des Seins selbst des Wissen als Wissenden zu ergründen, und um ein neues Philosophieverständnis zu beschaffen, das schon in der Vorderzeit sich spielte, aber ihm ein anders Wort und Denken fehlte. Hier werden, wie das Grundzeichen diese Wörter entstanden sind, beschrieben, nachgebildet und vorgezeigt. Es sind Vorträge, die in der Promozionszeit entstanden. Sie sind also im deutschen Universitäten als Eindenkungsgrundsätze, um die Doktorarbeit herzustellen, und einen Grundbestand geben zu können.

Hier sind Tagungen an verschiedenen Universitäten, die sich z. B. in Erlangen oder in Bamberg stattfanden, und auch in internationalen Universtäten wie in Prag, die dazu geneigt haben, klare und scharfe Nachfragen und Verständigung verdeutlichen zu wünschen. In diesem Sinne, soll man hier sich herzlichen Bedanken schenken an Herr Professor Strube, sowie an Herr Professor Seubert für die einmalige Erfahrung, die bei diesen Veranstaltungen sich ergab, und bei den Doktoren und Doktoranden, die sich ganz freundlich und natürlich kritisch da befanden. Hier erscheinen die Gründe der damaligen kritisierten Wörtern, die aber Zustande meiner nachgeschriebenen Arbeiten nachgeholfen haben. An dem allen Danke schön!!.

Die letzten vorgeführten Vorträge erscheinen als die letzten Wörter, womit das Hauptwerk „Wissen der Zeit" sich auslegbar geschaffen werden soll, und damit die nachfolgenden Werke des Philosophen Herrn Dr. Berzal. Dies war zwischen einem ersten Anfang und einem anderen Denken.

Das Gedächtnis des Bildes[1]

In dem kommenden Vortrag werde ich mich mit dem beschäftigen, was Ricoeur über „Die Repräsentation durch die Geschichte und das Prestige des Bildes" (S. 403-437) untersucht (Dieser Vortrag erscheint als Vorwort des kommenden Vortrags und der gleich vorgestellten Wörtern). Dabei gehe ich davon aus, der Verbindung zwischen den kognitiven Aspekten der Erzählung, d. i. dem epistemologischen Wert der Geschichte weiter nachzugehen. Wahrheit und Falschheit sind in Geschichte und Erzählung als Maßstäbe zu verstehen (daher begleitet Ricoeur ständig die Frage, was Realität und Fiktion seien?). Demzufolgend sind sie auch in der Verständigung des Begriffes der Rhetorik vorzufinden. Ausgehend von verschiedenen Perspektiven wie „wahrer" (((also mehr Wahrheit))) oder „falscher" (((also mehr Falschheit))), sollte sich „ein vor Augen führendes Verhalten" ergeben, das Verborgenes in sich trägt, doch unverborgen bleiben soll. Diese Maßstäbe, bzw. einschätzende Strukturalisierung des Geschriebenen, führen zur Spannung zwischen historischen Erkenntnissen und Rhetorik (was wir auch in dem kommenden Aufsatz sehen werden). Diese Spannung kann sich zur Wahrheit oder zur Falschheit, je nach Bestätigung ihrer Referentialität entwickeln. Was

---

1 Vortrag SS/06 an der theologischen Fakultät in Erlangen: Paul Ricoeur-Tagung, von Jordan Berzal, Martin-Luther-Universität-Halle-Wittenberg.

auch als die Stufen der Episteme bezeichnet werden kann, d. i. die „verschiedene Wahrheit" oder das „andere Wahre". Die Rhetorik greift deswegen eher auf persuasive Argumente zurück: das Wahre als Falsches und das Falsche als Wahres darzustellen, was Ricoeur übrigens als implizites Diskurs bezeichnet. Sie strebt im Bereich des Argumentierens, aber auch der Überzeugungskraft. Sie ist, wie Ricoeur sagt, „ ... auf halbem Weg zwischen Logik und Sophistik, zugunsten der Verbindung zwischen dem Persuasiven und dem Wahrscheinlichen im Sinn des Vernünftigen (*to eikos*), ..." (S. 407).

Ricoeur exponiert dieses bildliche Argumentieren als Bestrebung nach Kommunikation, Vernunft, Reziprozität und Selbstständigkeit, später wird er es als „Pakt" bezeichnen, was heutzutage in unserer „Lieblingssphäre" zur Auslassung der Gefühle, Meinungen und nicht Übereinstimmung führen kann: Das ist der Bereich der Politik. Sie sei reine Sophistik geworden, weil sie das Argument zur Diskussion nicht sucht, d. h. sie sucht nicht das Was vor Augen zu führen, bzw. das Entbergen der Problematik. Kann sie uns überzeugen?.

Ein „Kunstliebhaber" würde ein Bild lesen können oder eine Erzählung mahlen, aber ein Politiker, würde ich sagen, kann weder das eine, noch das andere schaffen. Im Grunde genommen: er kann nicht argumentieren. In diesem Fall bezieht sich Ricoeur eher auf die zeigende Bildhaftigkeit der „Sprache", bzw. was sie nicht sagt, aber doch ausdrückt. Es resultiert daraus eine gewisse Einigung zwischen dem Geschilderten und dessen Ereignis, d. h. die Geschichte seiner Erinnerung: Das Gedächtnis des Bildes.

Das Bild wird geschichtlich zusammengefasst als eine Beschreibung von dem, was es erzählt, aber auch von dem epochalen Zusammenhang aus dem es gerissen worden war. Diese Operation deutet darauf hin, dass das Bild nicht nur zu sich selbst Stellung (Bedeutung) haben soll, sondern auch, dass die Zerrissenheit von dem entsprechenden Kontext wieder zu rekonstruieren ist, und rekonstruierbar sein kann. Geschichtlicherweise ist zu bemerken, dass die zeigende Bildhaftigkeit, Gedächtnis und Erinnerung hervorrufen können, worüber man sich früher als epochales Bild der Zeit geeinigt hat. D. h. in der Symbolisierung eines Ausdrucks, d. i. eines Bildes, ist die Makrohistorie in mikroskopischen Bilder zu verarbeiten. Was auch bedeuten kann, dass dieses innerhalb des geschichtlichen Verlaufes verbrauchte Figuren, Kontexte, oder Symbole, zu anderen Neu-Gestaltungen führen kann. Daher auch die bewegende (dynamische) Struktur des Diskurses und mit ihm der Erzählung, d. h. eine tauschbare Struktur zwischen den Bildern in der Makrohistorie und den Bildern in der Mikrohistorie.

Zusammenfassend scheint die Geschichsstschreibung von dem abhängig zu sein, was sie entbergen möchte, und zwar, sowohl im Bereich der tatsächlichen Geschichte, als auch im Bereich der erfundenen Geschichte. Zwischen Logik (Wissenschaft) und Sophistik (Redekunst) befindet sich das Reich der Rhetorik (des Argumentierens) zur Unterscheidung des Geschriebenen als Wirkliches oder Fiktionales: Sie ist die Sprache, sie ist die erhobene Stimme zur Kritik des Angenommenen. In diesem Sinne wäre nun nach Ricoeurs Verständigung, meiner Meinung nach, der Begriff der Rhetorik anzuwenden, mehr als Hilfe zur Wissenschaft als traditioneller Skeptizismus oder Relativismus.

Empfohlene Lektüre: Seiten 403, 407-9, 414, 425-6 und 431.

Die vergessene Erinnerung.[2]

In dem kommenden Vortrag werde ich mich mit den Teilen der Untersuchung Ricoeurs über „Repräsentation und Narration" (S. 360-381), und „Repräsentation und Rhetorik" (S. 382-402) des Buches „Gedächtnis, Geschichte und Vergessen" beschäftigen, ausgehend von der These „den Platz der Narrativität in der Architektur des historischen Wissens", als auch die „rhetorischen Dimension(en) des historischen Diskurses", (S. 382) zu erorten.

Die geschriebene Texte veranlaßen nicht die Verständigung derselben. Darum, weil diese „Textnologie" nicht zum organischen Bestandteil der Texte entspricht. Das Text-Erklären oder das Text-Verstehen bleibt deswegen als nicht gehörig zu der Narration, da sie unabhängig von interpretierenden erscheint. Anderseits scheint das historische Wissen von einer auslegenden Komponente beteiligt zu sein. Sein Ausdruck ist durch die Menge seiner Erscheinungen (Ricoeur sagt „Fabelkomposition") geformt, die in ihrer Formgabe sich darstellen, als Sinn und Gehabe, als durchzusehendes Kristall, das sich „dokumentiert" und gleichzeitig „expliziert", d. h. nicht nur als Träger der Information, sondern auch als Begleiter

---

2   Vortrag SS/06 an Karlsuniversität in Prag: Paul Ricoeurstagung, von Jordan Berzal, Martin-Luther-Universität-Halle-Wittenberg.

derselben, (S. 366). Trotz diesem ist nach Ricoeur nicht zu erwarten, eine Aufklärung der narrativistischen Historie, d. i. es sollte nicht der Hauptpunkt der Auslegung der Narrativität eine Hilfe zu Verständigung, worüber sie aufgeklärt werden soll, und zwar, „eine Lücke des Erklären-Verstehens zu schließen" (S. 366).

Also, sie (die Narrativität) ist im logischen Sinne nicht aus einer Ebene des Kausalismus oder der teleologischen Wissenschaft zu vertreten. Mit anderen Wörten, die Narrativität entsteht nicht nur aus mathematischen, grammatikalischen oder naturwissenschaftlichen Grundprinzipien. (((sondern aus zufälligen Begebenheiten, die bestimmt werden))). In diesem Sinne, betrachtet Ricoeur die Ereignisse als Erscheinungen „wovon in der Rede, die Rede ist" (SuZ, Heidegger), d. h. der narrativistischer Logos bestünde in erster Erscheinung, als Rede, d. h. als erzählender Natur/Physisch/Logos, der sich in späteren Phasen sich als geschriebener, kausalen Logos entwickelt, bzw. entwickeln läßt. Ricoeur stellt sich die Frage: Inwieweit ist dieser erzählende Logos Anlaß dafür, dass man weiß oder wissen kann?, wie ist dieses zu berechtigen, dass der narrative Logos Wissenschaft erzeugen kann?, und inwieweit schafft er das? oder wie er sagt: „Die Frage ist vielmehr gewesen, ob die aus der Kritik dieser Erzählungen ersten Grades erwachsene historische Erkenntnis noch in ihren gelehrten Formen Züge zeigt, ..., die die Kunst zu erzählen alimentiert haben" (S. 367).

Ricoeur beantwortet auf diese Frage negativ aus zwei verschiedenen Gründen:
Erstens, das Ereignis würde dann sehr beschränkt, also der Streit um die Erzählung ist dann der ums Ereignis", (S. 367), ((also des Entweder-Oders)) und zweitens, die

unevolutive Ebene des Diskurses, ((Die Schrift entwickelt sich; das gesprochene Wort entwickelt sich nicht auf der Art, um Wissenschaft zu erzeugen.)) Beide Gründen stehen „Hand in Hand" in Verbindung: „Einem ärmlichen Ereignisbegriff entspricht ein ärmlicher Begriff von Erzählung", (S. 367), ein umgekehrtes Beispiel wäre die Bibel.

Eine bereichende Einstellung der Geschichte ist nur durch historische Kenntnisse derselben vorangetrieben, nicht durch derer Zeitereignisse, als akkumulatives Wissen, also nicht als Geschichte (Ursachen, Prinzipien, Kontexten, ...) der Geschichte einzulernen. Wenn man die Geschichte der Menschheit zurückblickt, sind ihre Ereignisse auf dem Boden der Kontroverse und Diffamation, der Mißverständnisse und des Despotismus wieder zu erkennen, weil „ ... ... die politische Geschichte ... ... den Vordergrund beherrscht hatte", (S. 367). Ricoeur zeichnet dieses Verhalten bis zum 2. Drittel des 20. Jahrhunderts, die Zeit der „ausgearbeitete(n) Schrift der Geschichte als Ereignis (S. 367), d. h. der öffentlichen Meinung, der Meinung der Freiheit, der Medieninformation, sowie der Kommunikationsära und der schnellen Kommunikation bzw. des Drangs nach rapider Bestätigung der Ereignisse, des schnellen Zugriffs, der Ausarbeitung der Texte und die Ausarbeitung der Ereignisse, d. h. die Ausarbeitung deren Geschichten. Sie sind individuelle, mikrologische Geschichten, die als Bestandteil der makrologischen Geschichte gelten:

• Geschichte der Menschen und Geschichte der Menschheit;
• Geschichte der Phänomene und Geschichte der Phänomenheit;
• Geschichte der Welt und Geschichte der Welten.

Sei es für jene Mikrologie, eine Makrologie entsprechen. Daher kommt nun die Entscheidungsträgheit des mikrologischen Ereignisse, indem sie Einflussreiche werden, um die makrologische Geschichte zu verändern. ((Dieses bezeichnet Braudel unter der Begrifflichkeit der *Kurzen* und *Langen* Dauer)). So scheint die Narration der Gechichte von dem Standpunkt der antropologischen Mikrowelt nicht in Achtung genommen zu werden, wenn sie nicht eine Veränderung der Makrologischen Welt verursacht. D. h. wenn ihre Gesichte „ ... nicht zum Gegenstand einer eigenen Diskussion" (S. 368) annehme. In Gegensätzlichkeit stehen 2 Tendenzen:

Eine, die die Ereignisse einzeln handelt, wie schon erwähnt, d. i. die Tendenz Ereignisse zu sammeln, und die zweite, die narrativistische Schule, die die Erzählung bzw. die Geschichte als System des mitteilenden Wortes logischerweise betätigt, d. h. die strukturelle Formen der Sprache, als Vermittlung des Erzähltes verarbeitet: Grammatik, Syntaxis, Tempus, ...

„Die Frage ist dann die, bis zu welchem Punkt die narrativistische Interpretation von dem epistemologischen Schnitt Rechenschaft gibt, der zwischen den Geschichten, die man erzählt (stories), und der Geschichte, die man auf dokumentarischen Spuren aufbaut (history), stattgefunden hat" (S. 369).

Ricoeur erwähnt weiter die narrativistische Schule ((u. a. Louis O. Mink)), die die historische Erklärung als ein zusammenfassen praktiziert (s. o.), als Bindung der Erzählung, die zu Erkenntnisse anstrebt, aber nicht die Bearbeitung des Begriffs Verstehen. Wo steht nun der Unterschied zwischen Geschichte und Fiktion, da beide erzählt werden?. Die Geschichte ist thatsächlich passiert, doch in der narrativistischen Position ist diesen Unterschied nicht beinhaltet, d. h. ihr kognitiver Wert ist nicht nur durch Erzählung nachzuprüfen, sondern durch tatsächliche Kontrastierung der Erzählungen, um Erkenntnisse auszuüben: „Re-Konstruktion der Ereignisse". Nehmen wir an, dass wir ein Ereignis, aber zwei verschiedene Erzählungen von diesem haben. Bezeichnen sie dasselbe Ereignis oder sind sie zwei verschiedene Ereignisse, fragt sich Ricoeur, (S. 371). Dieses ist die Problematik des Begriffs des Ereignisses selbst, wonach Ricoeur sich anhand dieser Problematik und des „Wahrheitsspruchs" fragt. Die Begrifflichkeit zur Annährung auf das Ereignis bezeichnet Ricoeur als „narrative Intelligibilität", (S. 372). Sie wird durch die Bindung angezeichnet, die er als „die narrative Kohärenz" nennt, als der Begriff erstens mit „Pränarrative Züge"(ebd.); was wir als Um-Welt, Kontext, oder Physis zuzuschreiben könnten, und zweitens, „die kausalen oder teleologischen Verbindung ((oder Konnexität))" (S. 372) zu begreifen ist: „Die narrative Kohärenz wurzelt in ersterem und artikuliert sich auf der Ebene des letzteren", (S. 372).

Die Kohärenz besteht darin, im Korrelat zu dem Ereignissen, d. h. im analogischen Einheit zu sein. Ricoeur nennt dieses die „Synthese des Heterogenen", (S. 372), d. h. „ ... Koordination teils von vielerlei Ereignissen, teils von Ursachen, Intentionen und auch Zufällen in einer selben Einheit des Sinnes", (S. 372).

In der Erzählung ist der Begriff der Fabel einzuwenden, d. h. als „literarische Form dieser Koordination", (S.372). Anfang und Ende werden (fest?)-gelegt, d. i. abhängig von einer kristallinen Struktur, die „geregelte Transformationen" ausübt. Zweierlei ist von diesem Gedanken der narrativen Kohärenz festzuhalten:

1. Das Ereignis „ist eine Variable der Fabel", (S. 373), (((Um, Epoche bei Husserl??))).
2. Das Ereignis als Erscheinung der Handelnden, bzw. der „narrativen Operatoren (S. 373).
    2.1. „Die moralische Bewertung der Personen", (S. 374), was er im folgenden Kapitel bearbeiten möchte.

Ricoeur gibt dazu zwei Beispiele: Das Maßstabsspiels und Begriff der Ereignisses. Mit dem ersten Beispiel zeichnet Ricoeur deutlich den Verhaltensmuster in der Geschichte. Er folgt das folgende Schema (S. 375):

- erstens, wie schon erwähnt, die Synthese des Heterogenen,
- zweitens, „Die Lokalgeschichte setzt die Verflechtung der kleinen Historie in die große voraus", was anders gesagt, sein könnte, daß der Kontext, in der wir sind, die Lebensbedingungen, die wir leiden müssen, insgesamt die kleinen Geschichten, die unsere Schicksäle durchkreuzen, ein Zeichen dafür sind, um erklären zu können, warum wir sind, wie wir sind, (((Begriff der Melancholie???))). Und so gelangen wir in die dritte Eigenschaft,
- drittens, „Die Tragweite eines Ereignisses benennt die Dauerhaftigkeit seiner Wirkungen, auch wenn seine Quelle weit zurückliegt, ..., Renaissance, Französische Revolution, kalter Krieg, ...," (S. 375). Jenes Modi der Seienden bereicht sich durch den, was Ricoeur zeichnet als „Habitus" (S. 376), „als ein narrativer Übergangsbegriff", (S. 376), d. h. eine „narrative Logik", d. i. als prädikative Verbindung der Ereignisse. Im Kurzen: Zu Wort kommende Geschichten, die zu anderen Geschichten hinzuleiten, aber eine andere

auftragen, bzw. eine Vergangenheit wiederleben. Sie, bzw. ihre Ursachen können aber in die Vergessenheit geraten, (S. 376).

Das zweite Beispiel „betrifft den Begriff des Ereignisses", (S. 376). Wie schon gesehen, trägt das Ereignis eine Form, ein Leben, und zwar, sowohl als Mikrogeschichte der Makrogeschichte, als auch als Mikrogeschichte innerhalb seiner eigenen Mikrogeschichte. Dafür verwendet Ricoeur zwei entgegenhaltende und zueineandertreffende Begriffe, und zwar der Trennbarkeit: „Vorstellung des Abweichens, der Differenz", (S. 376), und der Einheit, der Einigung: „Struktur und Konjunktur koordiniert", (S. 376). Die Zusammenfindung der Ereignissen und seiner Struktur (diese Einigung) findet in der Fabel statt, „als Sinneinheit", (S. 377). Diese Sinneinheit kann durch die Fabel als Einheit oder Differenz substantiell voneinander abgesetzt werden, wenn sie in der Erzählung eine zeitliche Verbindung hergestellt wird: Ricoeur bezeichnet dann die Strukturen als „in eventu", oder als „post eventum", (S. 327).

Beide exponierten Beispiele sind Auslegung dafür gewesen, Struktur, bzw. „skripturalen Formen" und Inhalt bzw. „explikative Formen" sich einander „artikulieren zu können, (S. 378). Zweitens, sie zeigen auch die Rechfertigung der „gezeugte" Welt (Geschichte), in der Konstellation einer Erklärung.

Am Ende des Aufsatzes erwähnt Ricoeur die bestehende Problematik des behandelten Problems, und zwar, die Komplementierung und Differenzierung der beiden Bereichen des Erzählens: Was ist Fiktion?, Was ist Wirklichkeit?. Die Lösung zu dieser Problematik findet Ricoeur wie folgt: Die

historische Diskurse sind in ihren „eigenen Referentialität ...
... auf distinkte Weise zu stellen", (S. 379).

In dem II. Teil „Representation und Rhetorik" untersucht Ricoeur, wie schon gesagt, die „rhetorischen Dimension(en) des historischen Diskurses". Es sind zwei Ebenen zu erwähnen:

a)   Einerseits, die „Denk- und Diskursfiguren", auch Tropen genannt, z. B. die „Metapher, Metonymie", usw. und

b)   Andererseits, die Rhetorik der „Argumentation" und die versuchende Überzeugungskraft gegen die „hegemonialen Prätention der Logik", (S. 382).

Also, jene Untersuchung wird unter dieser Absicht auf dem Bereich duchgeführt:

1.-) Erstens, um „das Feld der Verfahren der skripturalen Repräsentation auszuweiten", (((daher auch den verwendeten Gebrauch des Begriffes der „Textnologie" (s. o.), aber nicht als akkumulatives Wissen, sondern eher als erweitendes Wissen, also Ricoeur bezeichnet in dem ersten Teil, Repräsentation und Narration, die negative Seite dieses Akkumulatives Wissen, aber hier, Repräsäntation und Rhetorik, zeigt er mehr die positive Seite dieser Problematik, also das erweiterndes Wissen))),

2.-) Zweitens, um „den referentiellen Impuls", (S. 382) zwischen Geschichte und Erzählung, d. h. die „narrative rhetorische" (ebd.) Literatur einzugrenzen.

Die Problematik, die hier entsteht, wäre nun die, welche als das „Problem der Figuration von Ereignisse", (S. 381)

zu bezeichnen wäre, was auch zugleich die Folge hätte, die „Grenzen der Repräsentation" zu überschreiten. Die Debatten dieser Thematik haben ihren Ursprung in dem Strukturalismus, so nach Ricoeur: „Das Grundpostulat ist, daß die Strukturen der Erzählung homolog zu denen der elementaren Einheiten der Sprache sind", (S. 382). Was auch bedeutet, dass zwischen Literatur und Sprache sich eine Identität, eine Einheit entwickelt. Der Makrokosmos ist dem Mikrokosmos entsprechend, genauso wie, der Mikrokosmos dem Makrokosmos. So wie Ricoeur es nach Roland Barthes zittiert: „Die Erzählung ist ein großer Satz, so wie jeder konstatierende Satz in gewisser Weise die Skizze einer kleinen Erzählung ist", (S. 383). In diesem Fall wäre die Erwägung zu ziehen, dass diese Homologie „eine(r) Logisierung und Dechronologisierung" zur Folge hätte, (S. 383), d. h. eine Entzeitlichung der Geschichte, bzw. der erzählten Geschichte. (((eine Regelung zu schaffen, ein Ursatz ist nicht zeitbedingt))) Die Frage ist nun hier noch einmal zu stellen, ob dieses Verfahren zugunsten der erzählenden Fiktionalität auch gelten soll.

„Eine gegen die referentielle Prätention der Geschichte gerichtete Bedrohung war freilich in der Wahl des Saussuereschen Modells auf der Ebene der allgemeinen Semiotik enthalten", (S. 383). Dieses Modell des Zeichens als Signifikant/Signifikat scheint sich der Naturkraft eines Handelnden (Subjekt, ??? S. 383), der die Geschichte bzw. die Erzählung beanträchtigen kann, entgegenzusetzen.

Die Geschichte als Erzählung wird von der strukturalistischen Bewegung nicht für gültig gehalten. Darum, weil sie (die Humanisten, naiver Realismus, ...) den Aufbau einer Erzählung veranlaßen, die nur „illusorisch" verstanden werden kann, d. h., keine Referenz, keinen Sinn, kein Signifikat hat, d. i., keine Realität mehr hat: „Die Illusion besteht darin, daß der als äußerlich, als gründend angenommene Referent, nämlich die Zeit der Res Gestae, hypostasiert wird auf Kasten des Signifikats, nämlich des Sinns, den der Historiker den von ihm berichteten Fakten gibt", (S. 384). Ohne Referenz (((Fakten, Taten, Geschehenisse))), keinen Sinn, keine Signifikate, und damit auch, keine Wirklichkeit. (((Begriffe, die keine Referenz haben, sind nur illusorisch))). „Diese Verschmelzung von Referent und Signifikat zugunsten des Referenten erzeugt den Realitätseffekt", so nach Roland Barthes, (S. 384). Auf diese Weise, könnte man sagen, daß die Geschichte der Erzählung genug Stoff verschafft, Material zu erzeugen, um weiteren Geschichten zu verwirklichen.

((((Wie wir schon erwähnt haben, die unreferentielle Struktur des Zeichens hinterläßt keinen Zugang zu der Erzählung. Doch, in gewisser Weise, befindet sie sich als Verknüpfung der Geschichte, bzw. der Erzählung. Ihrer Vollbringung besteht auch aus diesen „überflüssigen Details", (S. 384))))

Ricoeur erklärt die Grundthese der ganzen Problematik durch drei Haupteigenschaften, die „das Geheimnis der historischen Erkenntnisse" (S. 365) auflösen könnten:

*„Meine These ist, daß diese [spezifische Referentialität] nicht allein auf der Ebene des Funktionierens der Figuren, die der historische Diskurs annimmt, unterschieden werden kann, sondern daß sie durch den dokumentarischen Beweis (1), die kausal finale Erklärung (2) und die literarische Formgebung (3) hindurchgehen muß", (S. 385).

An dieser Stelle ist nun die Untersuchung nach dem rhetorischen Historizität aufzuklären. Dabei bezieht sich Ricoeur auf Hayden White, der zu dieser Thematik geforscht hat. Es handelt sich „um eine Poetik, die die Einbildungskraft,

genauer die historische Einbildungskraft zum Thema hat",
(S. 386). Daher auch der Wichtigkeitsgrad der Untersuchung,
da diese sich auf die Rhetorik richtet, d. h. die Rede und ihre
Methoden, („Artefakten", S. 386), um daraus bestimmen
zu können, einerseits „das Verhältnis der Geschichte zur
Fiktion", (S. 386), d. h. die Referentialität des historischen
Diskurses problematisieren, und andererseits, die Trennung
der Bereiche der „Historiographie" ((Geschichtschreibung))
und „Geschitsphilosophie" (S. 386), (((deutende und wertende
Betrachtung, Lesung der Geschichte))), die in diesem Sinne
zur Fabelkomposition führt, als die Verortung „der historischen
Einbildungskraft", (S. 386), bzw. Sprache, Rhetorik. White
untersucht die Fabelkomposition als eine „Abfolge von
Typologien, (S. 387), die nach Einordnung nach System
artikuliert werden (vgl. der Begriff der Taxinomie, S. 387).
Diese Typologien stehen in hierarchischer Gegensätzlichkeit
zueinandergeordnet. Sie verbinden sich in einer matriziellen
Konstruktion, um das Resultat zu bilden, was White als
„Fabel", bzw. als die „höchste" Typologie bezeichnet: „ ...
die (((Typologie))) der Fabel krönt eine Hierarchie von drei
anderen", (S. 387):

1. Die erste Typologie, die der ästhetischen Wahrnehmung
   angehört, ist die *story-Dimension* der Fabel (S. 387),
   die als Chronologisierung der selben zu betrachten ist,
   da im Verlauf der Geschichte nicht nur deren eigener
   Verlauf vollzogen wird, sondern auch der Verlauf der
   Geschichten in der Geschichte, d. h. Motive, Figuren,
   Situationen, usw. werden zu Stande gebracht, oder
   sie sind einfach „verschwunden". Die historische-
   Dimension wird als die „erklärende Wirkung", (S. 387)
   bezeichnet. D.h. als einschätzende Strukturalisierung des
   Geschehens, was, andererseits zur Spannung zwischen

historischen Erkenntnissen und Rhetorik führt. Warum diese Spannung? Weil die „erklärende Wirkung" einen epistemologischen Wert hat. Eine Spannung, die sich zur Wahrheit oder zur Falschheit, je nach Bestätigung ihrer Referentialität, entwickeln kann. Was als die Stufen der Episteme zu bezeichnen sein kann. Wie wir sehen, begleitet Ricoeur ständig die Frage nach dem wahren Wert der Fabelkomposition, d. h. was ist in der Erzählung epistemologisch vertrettbar oder nicht. Hayden White ist der Ansicht, daß diese Frage sich auf die Frage nach dem Akzent der Ermittlung der Komposition zurückbezieht.

2. Die zweite Typologie ist in Bezug auf die „kognitiven Aspekte der Erzählung" bzw. auf ihre beweisenden Argumente gerichtet. Der Rhetoriker, obwohl er mehr auf persuasiven Argumente zurückgreift, bewegt sich in der selben Typologie, und zwar, die der des Argumentierens. Die Frage ist immerhin, ob der Rhetoriker zu tatsächlichen Ereignisse bzw. Kenntnisse kommen kann.

3. Die dritte Typologie richtet sich mehr auf das Handeln der Fabelkomposition, d. h. ihre Praxis:

• Figuren,
• Umwelt der Fabel,
• Situationen,
• Gespräche, ...

„Jede Kombination zwischen den Elementen, die der einen oder der anderen Typologie angehören, definiert den Stil eines Werkes, das durch die vorherrschende Kategorie gekennzeichnet werden kann", (S. 388).

Die Typologien sind unter vier verschiedenen Kategorien eingeteilt, und zwar, (S. 388):

1. Romanhafte,
2. Tragische,
3. Komische,
4. Satirische.

Die Problematik zwischen der Kombination die „tiefer und manifester Strukturen", (S. 389), schafft nochmal den Bezug auf den Strukturalismus, doch dieses mal nicht, nur als statische Struktur, sondern als „dynamischer Strukturalismus", (S. 389). D. h. dass die Fabelkomposition sich entwickeln bzw. erweitern kann, ohne dabei die Struktur verlieren zu müssen. Die Freihandlung muss nicht unbedingt eine Grenzenlosigkeit der Handlung ergeben, sondern mehr eine bestimmende Begrenzung der Komposition. Es ist daher auch wichtig nicht aus dem Auge zu verlieren, dass ein solcher Schematismus (wie Ricoeurs Kritik an White es andeutet) den Bezug auf die Historizität der Ereignisse nicht vergessen soll, kurzgefasst: „das referentielle Moment, das die Geschichte von der Fiktion unterscheidet, ...", (S. 390).

Dieser Unverlust (s.o.) des strukturalistischen Schematas arbeitet Ricoeur anhand von Saul Friedländer weiter aus, nach dem zwei Arten von Grenzen zu bezeichnen wären:

- Einerseits, „die Art Erschöpfung der Repräsentationsformen, die in einer Gesellschaft zur Verfügung stehen, um einem Ereignis namens „Endlösung" Lesbarkeit und Sichtbarkeit zu verschaffen", (S. 391), was er als „interne Grenze" bezeichnet (1).

- Andererseits, eine Repräsentation des Ereignisses selbst als „Ursprung des Diskurses", (S. 391), was er als „externe Grenze" bezeichnet (2).

Das Wie (1) und das Was (2), interne und externe Grenze, sind hier angesprochen, was auch zur Problematisierung anleitet, welche Artikulation hier angemessen wäre, also in welcher genauerer Artikulation zwischen beiden Arten von Grenzen bestünde, (S. 391). Die Konfrontierung zwischen den Grenzen der Erfahrung (Historizität) und den Grenzen der Erzählung (Narrativität), leitet nun das Erkennen in der Geschichte. Sie ist in der „Schrift der Geschichte", (S. 392) verankert. D. h. ein einzelnes Ereignis wird nicht nur durch weitere Ereignisse bestätigt (z B. der 11. September, die Hiroshima Bombe, ...), sondern auch durch die narrative, bzw., rhetorische Rede, die dazu neigt Geschichte zu schreiben. D. h. dass die einzelne Phänomen-Referenz in dessen Geschichte aufzufinden ist.

Also, Ricoeur stellt sich die Frage nach der Beschreibung der Geschichte, die nicht in Vergessenheit geraten soll, im Gespräch mit der Vergangenheit, um Irrtümer der Geschichte zu vermeiden und sie nicht stumm zu halten, d. i. die „Wahrheit" der Geschichte zu erzählen. Ist eine Grenze, wie oben erwähnt wurde, heranzuziehen?? Soll der II. Weltkrieg unbeschrieben, unerzählt bleiben? Sollte die Geschichte vergessen und tabuisiert (Ricoeur nennt das „Entnarrativierung", (S. 395) bleiben? ...

Es besteht daraus eine gewisse „Relativität ... jeder Repräsentation der historischen Phänomene", (S: 394). Die Repräsentation, so nach Whites, als repräsentierende, verwendet die „Sprache" selbst zum Ausdruck, in ihren

Sprachformen und –verständigungen: Wenn man den Codex nicht kann, kann man auch nicht die Sprache. Wenn man die Sprache nicht kann, dann gibt es kein Medium oder Mediabilität, (S. 394). „Da die Fakten selbst bereits aus der Sprache bestehen", (S. 394), dann ist es nicht zu verstehen, dass die Grenzen zwischen Erzählung und Geschichte, als Falschheit oder Wahrheit, als „Vorstellung" oder Taten immer noch bestehen bleiben können: *„... wie wir bereits gesehen haben, variiren die Begriffe vom Faktum und Interpretation selbst je nach dem Maßstäben", (S. 398), was auch zur Zensur in der Erzählung führen kann.

Wie kommt man mit der Vergangenheit zurecht? Soll sie zensiert werden? Oder soll sie durch weitere politische Manipulation ausgenutzt werden? Ist dieselbe Verarbeitung von den gegenwärtigen Vietnamesen nötigt sein, wie von der Generation der 50er oder 60er Jahren?

**In diesem Sinne ist Ricoeur der Meinung, dass durch situative Übertragung, also „Übertragungssituationen, (S. 399) an die Gegenwart die Vergangenheit zu behandeln wäre, mehr als Therapie, als Epistemologie.

Vielen Dank

Die Schatten der Semiotik[3]

In dem vorliegenden Vortrag werde ich mich mit dem beschäftigen, was meine Tätigkeit in den kommenden Jahren sein wird. Meine Absicht ist eine phänomenologische Forschung in dem Bereich der Zeichen und der Intentionalität von drei der einflussreichsten Philosophen, die eine solche Thematik zu bedeutenden Ergebnissen eingeleitet haben, nachzuforschen. Es sind namentlich die philosophischen Ansätze Heideggers, Husserls und Brentanos. Der Kern einer solchen Thematik wird es sein, die phänomenologische Bestimmung der Zeichen und ihrer praktischen Tätigkeit zu erörten. Intentionalität und Zeichen im Kontext zur Auslegung sind natürlich unter dem Aspekt einer semiotischen Überlieferung zu verstehen. Doch die Ursachen derselben sind nicht nur in der Welt einer reinen Sprachphilosophie oder Psychophilosophie, oder reine Analytik zu untersuchen. Die Phänomenologie beschafft die Mischung und Einheit dieser im jeweiligen Zeitraum. Nun, die Untersuchungen der Zeichen und des Intentionalitätsbegriffs im Rahmen solcher Bestimmungen scheint mir der Grundzug solcher Denkwege gewesen zu sein. Sie sind durch einen Lebensvollzug der Phänomene vorangetrieben. In diesem

---

3 **Vortrag SS/07 an der IUC Universität in Dubrovnik. Promotion von Jordan Berzal, Martin-Luther-Universität-Halle-Wittenberg.**

Sinne, werde ich mich Brentanos Theorien der Intentionalität und des Psychologismus widmen, die ein Grundstein zur phänomenologischen Verständigung geschaffen haben.

Doch nicht nur dieses, sondern auch die Husserlsche Subjekt- bzw. Zeichen-Welt-Bezogenheit der Phänomenologie soll sich weiter entwickeln durch den Heideggerischen Begriff der Um-Welt-Erkenntnis, das die transzendentale Subjektivität zu überwinden versucht. Also, die bewußte Semiotik, bzw. die Lehre von den Zeichensystemen, ist hier zum Gebrauch der Intentionalität der Welt und des Subjektes. Intentionalität heisst nun „Auslegung". Doch sie bleibt nicht nur „bewusster Inhalt" der Verständigung der Phänomene. Die Auslegung enthält ausgehenderweise einen Psychologismus, also eine Nicht-bewußte-Basis ergründet. Dieses kann von dem Geist, von der Seele, von dem Selbst ausgewertet werden, damit die Realität einer Selbst-Welt (ein Teil des Um-Selbst bei dem Nietzsches-Buch; das andere Teil wäre nun der Heideggerische Um-Welt-Begriff) entstehen kann. Die Transzendentatibilität dieser Verständigung entfaltet sich in eine Heideggerische, phänomenologische Realität der Intention, die ein neues Verständnis zu der Sache der „Semiotik" erweisen soll, und damit die Verwirklichung der neuen Entstehung der Zeichenwelt. Auf dieser Art, werde ich mich mit der Entfaltung der folgenden Programmskizze beschäftigen:

Brentano: Intentionalität und Psychologismus.
   Über die Wahrheit des Subjektes und die Realität der
   Intention.
      Die Realität des Ichs.
      Die Realität der Es.

Husserl: Das Phänomen der Zeichen.
Über die Wahrheit des Objektes.
Die Realität der Zeichen.

Heidegger: Das phänomenologische Zeichen.
Die Realität der Intention der phänomenologischen Zeichens: Über die Enstehung der neuen Welt, bzw. des neuen Zeichenkosmos der Semiotik.

Die Intention ist eine Interpretation ins Bewußtsein, sowohl innerlich, als auch äußerlich. In diesem Sinne, bleiben die semiotischen Grundlagen für den ersten Schritt des kommunikativen Verfahrens nutzlos. Die Systeme, in denen ein Zeichen zu bewusten Zwecken dienen kann, sind nicht im Bewusstsein verankert. Die unbewussten Zeichen sind hier zu untersuchen. Das Ziel meiner Untersuchung soll aus der Brentanoschen Verständigung des Konzeptes „Intentionalität" ausgehen. Die Übertragung des Konzeptes soll in ein Husserlschen Transzendentalismus weiter entwickelt werden, um das Heideggerische, phänomenologische Zeichen zu gründen.

Um ein Beispiel zu geben, die Verkehrszeichen werden von dem bewußten Verstand unserer Intentionen verwendet, dass heißt, dass, wenn ein Stop-Schild auftaucht, wir halten müssen, oder wenn es eine grüne Ampel gibt, wir weiter fahren dürfen, oder wir nicht schneller fahren sollen, auf bestimmten Autobahnstrecken als die Signale es erlauben. Also, solche Zeichen sind auf ihren praktischen Gebrauch in der Welt der Bewußtheit begründet. Doch, und dieses ist der Zweck dieser Arbeit, gibt es Zeichen, sowohl natürliche als auch psychische, die nicht den bewussten, gebrauchbaren

Systemen entsprechen. Das bedeutet, dass es eine unbewuste Mitteilung, wo die Kommunikation sich anders signalisiert, existiert, da eine andere Intentionalität stattfindet. Solche Intentionalität wird in ihrer eigenen bewussten Möglichkeit zur Verwirklichung entwickelt. Aber, im Betracht dieser Arbeit, sollen wir uns nicht dieser Semiotik zuwenden, sondern der Zeichen und der Intentionalität des Unbewußten. Das Endziel ist die Thesis zu beweisen, dass die unbewusste Intentionalität mit sich selbst eine Interpretation entfaltet, sowohl um sich eine Realisierung im Bewusstsein zu schaffen, als auch damit die Kommunikation gewusst, bzw. erfahren werden kann, das heisst, aufgenommen, und auf dieser Art sie interpretiert werden kann.

In der Tat, wenn ich eine Rakette aufbauen möchte und ich möchte auch, sie bis zum Mond fliegen lassen, bedeutet es, dass ich mir bewusst machen muss (mit mir selbst sprechen soll), was das bedeuten kann, damit ich es realisieren kann, das heisst, die physikalischen Gesetze zu studieren und einzulernen, oder wie man zusammenlöten kann oder Navigationstheorien erlernen, u. v. a. Aber die Tatsache, dass ich bewussten Gebrauch von solchen Technicken mache, verwirklicht nicht unvermeidlich, dass es fliegen kann oder wird, als Ergebnis meiner bewußten Einplanung. Es gibt immer andere Signale, andere Zeichen, die normalerweise nicht von der sogenannten „bewussten Vernunft" ausgelegt, bzw. interpretiert werden. Nicht, weil man den bewussten Zeichen nachgeht, folgt unbedingt daraus, dass man zu einer Auslegung gelangt. Die Intentionalität, das Denken, das Wissen und Handeln sind nicht nur aus einem bewussten Kontext zu definieren. Sie fordern Auslegung und Interpretation, und diese fordern zugleich Kommunikation. Zu wissen, wie man ein Zeichen interpretiert, impliziert nicht nur die Erkenntnis der bewussten, semiotischen Kodes zu kennen, sondern auch die unbewusste Kommunikation zu erkennen, dass dieses für einen praktischen Gebrauch bedeuten kann. Dieses bezeichnen wir als die „unbewusste Kommunikation" ihrer Interpretation.

Erstens, wir lesen ein Buch nicht aus den selben Gründen, bzw. Grundlagen, als wir eine Biene oder ein Baum wahrnehmen, oder wie die Tiere ein Blatt durch den Wind schwebend wahrnehmen. Das bedeutet, dass im Grunde genommen, die Bestimmheiten der Bedeutungen nicht nur von der menschlichen Praxis abhängig sind. Und zweitens aber, die Transzendenz, d. h. die Auslegung zu Kenntnissen einer solchen Wahrnehmung wird bestätigt, inwiefern wir über sie nachzudenken anfangen. Dieses Vacuum der Semiotik, bzw. das Zu-denken, dass sie nur in Begriff des Menschen zu verstehen ist, d. i. was in der Kommunikation und Verständigung solcher Mitteilung etwas fehlt, dass dadurch zu bestimmen ist, bzw. verständigen zu lassen ist, soweit ein Subjekt ins Spiel Gesetzt wird, folgt, dass semantischerweiser keine Endtheorie (vollendete Exegese/Semiotik) sein darf, bzw. sein kann, die endgültige Bestimmtheit erhalten soll, da eine Anfangstheorie (es etwas auszulegen gibt) immer im Vordergrund besteht, weil sie von Subjekten und ihren Interpretationen abhängig ist. D. h. dass es „etwas" nicht zu bestimmen gibt, aber gleichzeitig, dass es bestimmend ist. Ohne Transzendenz keine Erkenntnis, doch ohne Transzendenz ist eine natürliche Auslegung möglich. Dieses wäre nun der Hauptunterschied zwischen einer Weltsemiotik und einer Menschensemiotik.

Beides sollte uns interessieren, aber die Weltsemiotik immer im Vordergrund. Semiotik begleitet die Welt, aber nicht nur des Menschlichen, sondern auch des Erscheinenden. Daher auch der Gebrauch der Phänomenologie und der Hermeneutik. Hier wäre es angebracht zu sagen, dass durch den Begriff der Intention eine Lücke zusammengebunden wird, die der geschichtliche Begriff des Willens weiter zum Zusammenschweißen angetrieben hatte, und zwar, die Tatsache, dass die Erkenntnisse nicht nur theoretisch, analytisch, aprioristisch zu begründen sein können, soweit neue praktische Kenntnisse zum Gebrauch werden müssen, was zum Ausdruck der Phänomenologie und Hermeneutik hingeführt hatte. Die sprachanalytischen Theorien sind, in diesem Sinne, hier nicht anzuwenden. Sie werden aber zu produktiven Ereignissen benutzt, falls sie zur Gebrauchbarkeit des Sinnes dieser Arbeit beitragen können. Unter diesem Zusammenhang ist der Zeichenbegriff auszulegen, und zwar, außerhalb der semiotischen, sprachanalytischen Systeme und innerhalb der Phänomenologie und Hermeneutik. Das heisst, das Zeichen als Weltzeichen, als Weltphänomen, nicht als konventionelle Artigkeit der Menschen sich mit der Welt und miteinander zu kommunizieren zu verstehen ist. Der Begriff der Intention beschafft uns die Lücke zwischen beiden Welten zu schließen:

Es ist eine Weise „Psychologie der Zeichen", eine Art „ὑπό (meta)-symbolon", oder eine Art „unbewusste Zeichlichkeit". Meinem Eindruck nach, besteht ein fehlgeschlagenes Umfeld, wenn die semiotischen und sprachanalytischen Theorien der Zeichenbegriff nicht mit Phänomenologie und Hermeneutik etwas zu tun haben sollen, im Gegensatz zu dem Intentionsbegriff, was doch zu guten Ereignissen führen kann. Der Symbolismus der Zeichen ist, was meiner Meinung nach, nicht unter diesem Terminus „Zeichen" integriert worden ist, was übrigens umgekehrterweise unter dem Terminus „Intention" der Fall zu sein mag. Der Versuch zur Begründung einer sprachanalytischen Phänomenologie deutet auf diesen Weg. Für mich (und für die Phänomenologie?) ist der Terminus

"Intention" nicht nur von den Erkenntnismöglichkeiten eines Objektes abhängig, sondern auch wie ich mir selbst dieses Objekt in dem Kontext, in dem es auftaucht, auslege. Das heisst, Intention ist für mich Erlebnis, und auf diese Art, Erkenntnis. Sie ist Affekt, Wille, und auf dieser Art, Erfahrung. Daher auch die Aussage: „Intention heisst nun Auslegung".

"Zu den Sachen selbst" von Husserl und "Unterwegs zur Sprache" von Heidegger sind zwei der fundamentalen Aussagen der phänomenologischen Forschungen. Dabei geht es aber nicht um die Untersuchung der Sprache selbst, damit wir die Phänomene durch die Sprache erkennen, sondern eher darum neue Sprachwelten zu öffnen, neue Kodes zu entziffern und zu kodieren, damit die Auslegung der Phänomene zutreffender erscheinen kann, als nur die Untersuchungen der verwendeten Sprache. Eine Sache ist die verwendete Sprache zu analysieren, und damit die Phänomene erklären (Wittgenstein war solcher Meinung durch den Begriff der „Sprachspiele"), und umgekehrt, eine andere Sache ist die Phänomene auslegen zu wollen, und damit eine neue Sprachwelt zu benötigen und zu entdecken, (Die Gewährleistung des Gebrauches irgendeiner „Sprache", ist aber nicht konzipiert, um die Analyse jener „Sprache" zu bedienen, sondern den Phänomenen ein klares bzw. besseres Verständigungsumfeld zu geben). Daher ist die Verständigung der Husserlschen und der Heideggerschen Philosophien nicht darunter so zu verstehen, dass die eine (Husserl also) Rückkehr und wieder Fall in den transzendentalistischen Idealismus und die andere (Heidegger also), nach Husserlschen Kritik, ein Rückfall in den Anthropologismus und in den Psychologismus wären, was wiederum der Philosophie keinen Existenzanspruch hinterlassen würde.

Husserl und Heidegger sind der Bestandteil einer sogenannten „hypokeimenische Philosophie" Namens Phänomenologie, eine Art „erste Philosophie" nach Aristoteles, oder eine Art „fröhliche Wissenschaft" nach Nietzsche. Ihre Aufgabe besteht aber darin nicht nur die strukturalistische Basis jedes Phänomens zu erkennen. Sondern besteht auch wieder nicht nur darin unserer Sprache verbundenen Erkenntnismöglichkeiten der Phänomene Gestalt zu bieten. Sondern darauf eine *„zugrundeliegende Fassung/Bindung/Verkettung, eine innerliche Verständigung, von dem was wir von außen her zu erkennen denken".* Darin bestand die Arbeit von Husserl, Heidegger, aber auch von Brentano. Er distanzierte sich von der spekulativen Philosophie der idealistischen Vernunft, und damit sich wenden zu können, an das wesentliche der Welt so wie es erscheint und wie wir es zu erkennen gebrauchen (Intentionalitätsbegriff). Wegen dieser Distanzierung wurde er auch als der Initiator anerkannt, der den Begriff der Intentionalität in die Psychologie eingeführt hatte. Unter diesem Blickpunkt möchte ich auch der Frage nachgehen: Wie werden die Signale der Welt interpretiert, ausgehend von ihren phänomenologischen Grundlagen? Im Bezug auf Brentano ist man der Meinung, dass der Intionalitätsbegriff nur unter psychologischen Aspekten zu verwenden ist, bzw. nur „im Bereich der inneren Wahrnehmung"[4].

Doch, gibt es gar keine andere Möglichkeit? Meine These wird es sein, zu behaupten, dass der Begriff nicht nur unter diesem Bereich zu interpretieren ist, sondern dass es eine Art, wenn man es so nennen will, „eine psychologie der Welt" gibt, und gerade Brentano der Ausgangpunkt für eine phänomenologische Verständigung solcher Interpretation sein könnte, obwohl er sich selbst nicht sehr dazu geneigt fühlte, aber die Trennung „Psychologie" und „Ontologie" äußerte

---

4 Baumgartner, Elisabeth: Intentionalität: Begriffgeschichte und Begriiffsanwendung in der Psychologie. Würzburg, Könighausen und Neumann, 1985. Hier S. 17.

und nachzugeben musste. Der Begriff der Intentionalität gehört dem Weltbezug, bzw. der äußeren Wahrnehmung an, genauso wie der Wahrnehmenden und der Psychologie, bzw. der inneren Wahrnehmung. Es ist nicht nur dieses *etwas Zugrundeliegendes* in Anschaffung unserer *inneren Wahrnehmung*, was zur Begrifflichkeit der Intentionalität geführt hatte, also das Denken, muss *etwas* denken, das Fühlen, muss *etwas* fühlen, usw. sondern auch das *Wie-etwas* ist die *äußere Wahrnehmung*, die sich auslegenderweise zur inneren Intentionalität weiter führt. Es hieße denn, wie dieses Denken zu etwas denken kommt, wie dieses Handeln zu etwas handeln kommt, wie dieses Fühlen zu etwas fühlen kommt. Die teleologische Tätigkeit der Intentionalität erscheint hier als die Auslegung der *inneren Wahrnehmung,* Das heißt also, dass das Verständnis der Intentionalitätsverfahren von ihrer Fähigkeit zur Reziprozität des Sich-Selbst-Darstellens beeinträchtigt sein kann, also als der Grund seiner Psychologie, bzw. des an Husserl vorgeworfenen Rückfall in den Idealismus und an Heidegger vorgeworfenen Psychologismus oder Anthropologismus. Doch, die Grundlagen der Phänomenologie erlaubten ihnen das nicht. Hier handelt es sich um Phänomene, nicht um Ideen. So ist auch zu betrachten, wie Heideggers Weltbezug sich zu entfalten hatte, und zwar, als „Zeichen-Transzendentalismus", auch bekannt als Hermeneutik. So scheinen mir die „Stufen" (Evolutionskonstanten) der Entwicklung der Phänomenologie zu sein.

Es handelt sich eher um die Behandlung der immer angewiesenen und geschichtlichen Problematik des Seins auf den Phänomen des Denkens und Erfahrens.

Vielen Dank

Das Hermeneutische: Das Heiligtum der Natur und der Wissenschaften.[5]

„Sprachliche Form und überlieferter Inhalt lassen sich in der hermeneutischen Erfahrung nicht trennen. Wenn eine jede Sprache eine Weltansicht ist, so ist sie das in erster Linie nicht als ein bestimmter Typus von Sprache, (wie der Sprachwissenschaftler Sprache sieht), sondern durch das, was in dieser Sprache gesprochen wird bzw. überliefert ist."[6]

Meine Damen und Herren, in diesem Vortrag werde ich mich mit dem beschäftigen, was vor kurzer Zeit bei einem anthropologischen Kongress für Diskussionen gesorgt hatte. Ich möchte mich damit beschäftigen, die Aussage „zeichende Sprache" besser zu verdeutlichen und zu definieren, damit das Vorhaben meiner zukünftigen Dissertation sich besser erahnen läßt. Dieses Vorhaben sehe ich, nicht besser, doch noch zutreffender in dem Bereich des Hermeneutischen aufgehoben. Also, warum „zeichende"? was meine ich damit? was verstehe ich darunter? und was möchte ich, dass Sie darunter begreifen

---

5 **Vortrag an dem Wolfenbütteler Sommerkurs (2008) „Hermeneutiken in der Frühen Neuzeit", von Jordan Berzal (Martin-Luther-Universität-Halle-Wittenberg).**

6 Gadamer, Hans-Georg: Wahrheit und Methode. Gründzüge einer philosophischen Hermeneutik. Tübingen: J. C. B. Mohr, 1990. Gesamt Ausgabe, Band I, Hermeneutik I. Hier S. 445.

und verstehen? Und warum „Sprache"? Welche Mitteilung verstehe ich darunter? Ist sie unbedingt denkende Mitteilung als Sprachanalyse? Und ist es möglich die Sprache anders zu verstehen als nur bewusste Semiologie? Wenn wir die Semiotik einer Sprache beherrschen, beherrschen wir auch die Fähigkeit des Denkens, das angeblich die Zeichen der Sprache durchblicken lässt? Ist ein einarmiger Mensch fähig uns den Weg, den wir suchen, zu zeigen, aber nicht mehr fähig zu zeichnen, d. h. Zeichen zu kreieren d. h. mit uns zu kommunizieren und mitzuteilen, und im Grunde genommen, ein neues Verständnis zu überliefern, ohne dass wir die semiotischen Sprachkenntnisse in der Schule gelernt haben? Gadamer sagt: "Die Hermeneutik umfaßt grammatische und psychologische Auslegungskunst" (S.191). Einerseits betrifft das die Definition von Hermeneutik. Ich werde aber die Natur, die Welt, die Physis als Buch nehmen und ich verstehe sie nicht nur im biblischen Sinne als Gottes Wort, sondern als offenes Buch der Phänomene. Also nicht nur als Textauslegung, sondern als Weltauslegung.

Wir sind in einem Zeitabschnitt angelangt, indem wir so schnell verstehen können, was wir mit Sprachen gemeint haben könnten. Sprachen, natürlich, sagt eine Person zu einer Anderen. Ich rede Japanisch, Englisch und noch dazu einbisschen Spanisch. Das ist ja wunderbar, wie die sprachanalytische Fähigkeit der Menschen sich weiter entwickelt hat. Und andererseits haben wir es neulich erlebt, wie wir unter der Erwartung eines einzigen Wortes, als Beschreibung einer sehnsüchtigen Aktion und Vollstreckung, erwartet haben, dass die geschlossene Tür zu einer neuen Welt endlich offen werden könnte. Tor!!! schrien sie, und die Welt öffnete sich. Die bewusste Welt öffnete sich. Die Welt der Offenbarung war da. Es war aber keine wörtliche erfasste Sprache, kein rationalistisches Denken der sprachlichen Strukturen eines konventionellen Spiels. Sie kannten diese Konvention. Sie kannten die Sprache, die man da reden sollte. Jeder war/ ist dieser Sprache mächtig. „Verstehen und Auslegen von Texten ist nicht nur ein Anliegen der Wissenschaft, sondern gehört offenbar zur menschlichen Welterfahrung insgesamt." Behauptet Gadamer in der Einleitung seines Werkes „Wahrheit und Methode".

Doch gibt es noch einen dritten Weg, um das Wort „Sprache" zu verstehen? Also wir haben die mathematische und logische Sprache, d. h. die rationalen Sprachen. Alle verstehen, dass 2 Euros, 10 Jens, 8 Dollars oder 200 Kunas plus weitere Münzen oder Banknoten von der selben Währung mehr Geld sind, d. h. mehr Geld bedeutet. Unwichtig ist aus welchem Land. Hauptsache die Umrechnung bestimmt. Wenn wir aber in Marokko sind und wir möchten mit Jens bezahlen, vielleicht haben wir Glück und sie akzeptieren die Währung, aber das ist eher unwahrscheinlich. Eine andere Sache wäre es mit Dollars zu bezahlen. Dann sehen wir wie die logische Verkettung und die logische Abstraktion der Manipulation des Geldes als Handeln funktioniert, d. h. wenn nicht P dann nicht Q, damit wir uns Sorgen machen, damit die logische Äquation wenn P dann Q richtig funktionieren kann. Also, wenn ich Geld habe, kann ich das Geld umtauschen. Und wenn ich kein Geld habe, dann kann ich auch kein Geld tauschen.

Und wir können auch die spielerische Sprache: die konventionelle Sprache. Soweit wir die Regeln eines Spiels kennen und wir sie an einen anderen Mensch überliefern und diese Person sie versteht, werden wir aus dem durchdachten Spiel, ein praktisches Spiel. Das Spiel besteht nun aus Unterhaltung und wettkämpferischem Geist. Manchmal gelingt es uns ein Spiel zu verstehen, ohne dass wir die Regeln gelesen haben oder irgendjemand sie uns beigebracht hat. Die praktische Übung schafft die Kenntnisse. Daher auch der Spruch: Übung macht den Meister.

Diese beiden sind eher theoretische und praktische Sprachen, doch im Grunde genommen, sind sie bewusste Sprachen (Gadamer nennt sie künstliche). Und man denkt und glaubt, dass, wenn man die „Sprachanalytische Form", also z.B. die theoretischen, grammatikalischen „Gesetze" der Sprache ausfindig macht und beherrscht, und wenn man die Struktur der Sprachen (((Ferdinand de Saussure))) entdeckt ((((und auf diese Art auch weitere Beispiele wie die Sprache der Mathematik, Physik oder Anthropologie, usw. ...))), würden wir auch die Sprache selbst kennen. Auf diese Art könnte man beide Bereiche in Verbindung setzen, also theoretisch und praktisch. Einerseits durch die Definition ihrer Strukturen. Und andererseits durch die Verallgemeinerung ihrer Konvention.

In diesem Sinne verstehe ich darunter, dass das Bewusstsein und der Rationalismus mit der Konvention zusammengesetzt werden; sei es praktisch oder theoretisch. Hier handelt es sich um Rationalität zur Entstehung neuer „Welten" und zur Steuerung dieser durch ihre „neuen Sprachen" (Sprachwelten, Sprachspiele). Aber man könnte auch behaupten, dass dieses Arbeitsfeld ein Parallelismus zwischen Natur, d.i. zwischen natürlicher Essenz (Phänomen, Erscheinung) und Prädikabilität bestehe, d. h. bestehen könnte (((beinhält))). Dieses heißt, dass so wie der Rationalismus die Basis für jede Konvention ist, ist der Naturalismus, auch unter psychologischer Abstammung, Irrationalismus genannt, oder noch deutlicher ausgedrückt: „negativer Rationalismus". Das Sein des Zeichens als Irrationalität ist die Quelle aus dem das Subjekt zur Ratio

(Vernunft, Bewusstsein, Sprachspielerei) kommt. Ich möchte mich nun mit dem beschäftigen, was die Natur selbst als Text erscheinen lässt. Dieses ist, meiner Meinung nach, die Basis für die Natur als Quelle der „universellen" Sprache, eine verborgene Sprache, eine zugrundeliegende Sprache; die Sprache des Willens, eine „zeichende Sprache". Universelle Sprache ist hier nicht als logische oder naturwissenschafliche Gesetzgebung für alle Phänomene gültig, sondern eher als ontologische Auffassung des Phänomens mit sich selbst. Was hinter der Wissenschaft steht, also Meta-physik. (((Als monadologische Wissenschaft; Naturwissenschaft – zugrundeliegende und monadologische phänomenologische Wissenschaft – Geisteswissenschaft))).

Gadamer hatte dieses Verfahren auch beansprucht, als er erwähnte, dass die Naturwissenschaften ihr Interesse darauf gerichtet haben, aus den Verhältnissen zwischen Schein und Phänomen zu profitieren, statt das Sein des Phänomens zu untersuchen. Es ist nicht dasselbe eine Theorie oder eine Praxis zu verwenden und etwas anderes nachzufragen, wie ist diese Theorie oder Praxis zu Stande gekommen, d. h. welches ist ihr ontologisches Sein. Die Aphronesis des Zeichens (was oben als „negativer Rationalismus" genannt wurde) begründet hiermit seine neue Selbstwelt. Anders gesagt: Über das Gedachte, die Theorie oder die Praxis, nachdenken.

Somit ist auf diese (((dritte))) Art und Weise noch die Sprache zu verstehen. Also, ich möchte hiermit bestreiten, dass das Hermeneutische rein textuell sein muss. Sprache bedeutet mehr als nur Wörter. Die Fähigkeit der Kunst ist der Welt und der Natur überlassen, nicht nur den Menschen. Die Natur evolutioniert sich. Ein paar Hunde sprechen miteinander, doch sie reden kein Lautwort und sie schreiben keinen Brief. Genauso irrtümlicherweise denken wir, dass eine Planze nichts sieht, weil sie keine Augen hat. Ich frage mich, wenn ein Vulkan ausbricht, wer läuft da weg? Die Schlafenden von Pompeji??? (((Ein Neugeborenes, eine Pflanze, eine Nichte, zwei Delphinen, das Meer, oder ... ... das Erste, was sie machen ist Weltanschauen, d. h. ihre neue Welt erkennen und sie diktieren nun die Form ihre Lebenswelt als Wille ihrer Motivation. Motivation ihres Willens, weil sie Wille sind, die aber geworden sind, sie sind vollbrachter Wille: der Wille ist Welt in der Zeit geworden))).

Das Hermeneutische wäre die unbewusste, d. h. die nicht-bewusste Sprache und zwar als die Nicht-Sprache. Daher „zeichende" Sprache. In diesem Sinne frage ich mich inwieweit die Sprache, die uns die Wahrheit des Phänomens helfen kann, rationell sein muss. Meine Meinung nach, die logische Struktur, die die ganze rationelle Welt der Sprache manipuliert und ausnutzt, definiert aber nicht seine phänomenologische Wahrheit, das ist, seine relative Wahrheit, das heisst, die Waheit seiner Wahrheiten. Die Übereinstimmung zwischen der Erscheinung und ihrer nominalistischen Deskription (sei sie nach Empirie und/oder nach Ratio), liegt nicht daran, wie sie uns das anscheinende Wissen der Phänomene erscheinen lässt. Sondern es liegt daran, wie die Übereinstimmung nicht ist. Das wahre Urteil der Sprache residiert in der naturellen Unter-sprache (Sub-Sprache) der Phänomene selbst. Das Urteil ist eine Folge des Seins und Sein ist, was wir glauben, dass es ist. Das mittelbare Phänomen hilft uns mit der möglichen Beurteilung über es selbst, das heisst, über seine relative Wahrheit und seine relative Erkenntnis. Relativ heisst nun, dass die Perspektive von jener „negativen Rationalität" begründet wird, aber deswegen sollte man nicht davon ausgehen, dass sie die Abschaffung der „Wahrheit" oder sogar der „Wissenschaft" betreiben würde, sondern sie ist mehr ein Komplexiton von Relationen der Relativitäten.

Ich beziehe mich auf die seiende Selbststruktur und Selbstwesen jedes Phänomens, nicht damit es sich wörtlich besser erfassen läßt, sondern damit eine unwörtliche Verständigung und Mitteilung veranlaßt wird. Eine Mitteilung, die durch das Anders-Denken, verständlich wird: Die Unvernunft der Welt. Es ist das andere Sein, das heißt, das seiende Unsein und das (ungedachte oder das noch-nicht-gedachte) Seiende. Das phänomenologische Zeichen gibt uns Menschen auf die Frage des Ungebrauchs desselben, Zeichen. D. h. dass die Zeichen von dem Gebrauch machen, was ihnen nicht von Nutzen ist, damit sie Gebräuche entwickeln können. D. i. dass die Zeichen an dem, was ihnen nicht von Gebrauch erscheint, teilnehmen, d. h. von den Wesen der Dinge ihre Zeichenkunst gebrauchbar machen können. Wenn in Zeiten der Tsunami eine 100 Km. hohe Mauer gestanden hätte, hätte er „gewusst", wo er brauchbar wäre, und wo nicht. Dieses Zeichen legt sich aus, indem es selbst von der Umwelt herausgefordert wird. Und das bedeutet, dass sein Wesen nicht zur Vollbringung kommen kann oder nicht kommt, aber kommen wird.

Also Parmenides lag teilweise (((weil es immer etwas vervorgenes bleibt))) falsch als er sagte, dass das Nicht-Sein weder gedacht noch gesagt werden könnte. Die Tatsache, dass an das Nicht-Sein nicht gedacht werden könnte, heisst nicht, dass das Nicht-Sein nicht gesagt worden ist, ebenso wie wenn das Nicht-Sein nicht gesagt worden ist, dass an das Nicht-Sein nicht gedacht wurde. Und die Tatsache, dass das Nicht-Sein nicht gesagt wird, heisst auch wieder nicht, dass das Nicht-Sein nicht sei. Die Tatsache ist, dass das Nicht-Sein nicht

Nicht-Sein sein kann. Anders gesagt, das Nicht-Sein kann nicht Nicht-Sein sein, weil nicht-seiendes schon ist. Und das Nicht-Sein kann nicht Sein sein, weil Seiendes nicht wäre. Es ist aber. Das Nicht-Sein ist hier und jetzt.

Ich rede und ich benutze Wörter dafür, aber das deutet uns nur an, wie beschränkt unsere Vernunft ist und wie beschränkt das Denken über das Sein gewesen ist. Die Ratio denkt und sie teilt uns nicht alles mit, was sie wirklich denkt und was sie kommunizieren möchte und kommunizieren kann.

Historisch, zeitlich, phänomenologisch gesehen, sind wir zum jetzeitigen Moment gebunden und auch zu einem räumlichen Jetzt, da die Zukunft unsagbar ist und ungesagt bleiben muss, und die Vergangenheit nicht zulässt, dass wir sie umgestalten. Eine Zeitmaschine oder eine Raummaschine haben wir noch nicht. Wir sind an das heutige jetzt und hier gebunden. Metaphysisch gesehen, bezieht sich das Denken nicht nur auf die jeweilige Zeit und Raum, sondern es bezieht sich auch auf sich selbst. Daher auch die hermeneutische Konstitution der Phänomenologie. Die Menschen sind „zeichende Sprache", die die Anwesenheit des Seins, in allen seinen Kategorien begründet und Wesenheit gibt. Das Seiende kann nur zeitbestimmtes sein. Und damit das Sein und das Nicht-Sein. Daher auch die Aussage von Heidegger: Warum ist Seiendes und nicht vielmehr Nichts?

Die Basis und Grundlegung aller Wissenschaften ist die metaphysische und phänomenologische Hermeneutik. Die „zeichende Sprache" ist das Hermeneutische der Natur (((bitte!!! verstehen Sie jetzt nicht, dass ich Ratio und Natur entgegensetze!!! Eine Verbindung ist angedeutet, nicht eine Opposition))). Die Verbindung zwischen Metaphysik und Phänomenologie (((ich frage mich, ob diese beide ein und denselben Grund haben, doch sie völlig verschiedene Richtungen, geschichtlich gesehen, eingeschlagen hatten?))) ist die Hermeneutik als die relativierende Wissenschaft. Sie ist Wissenschaft in der Zeit, also Erfahrung des Zeitverständnisses und Erfahrung des Weltverstehens in der Zeit.

Ich verstehe Hermeneutik als Interpretation. Was heisst nun Interpretation? Ich verstehe darunter, Aus-legung, die zeicht. Hermeneutik ist nicht nur Interpretation als akkumulatives Denken oder scheinendes Wissen. Meiner Meinung nach, Hermeneutik ist relatives Verstehen, also nicht Missverständnisse zu vermeiden (((so Schleiermacher))), sondern Verständnisse und Wissen zu erweitern. Ich bevorzuge aber die Wörter zeichende und zeicht, weil sie Malerei, Bild, Symbolik, aber auch Vorstellung und Verstehen u. v. a. Variabeln beinhalten. Zeigende sagt nur, was zeigt, also es gibt eine direkte Übertragung der bestimmten Verständnisse; ich frage nach dem Weg und der Weg wird gezeigt. Beim Zeichen bleibt die Bestimmung noch offen, das heisst, es hängt nicht nur von dem Subjekt ab, sondern von sich selbst. Wovon ich rede, ist von einem „apophantischer Logos" als ein „ ... Sehenlassen von der Sachen her" so Heidegger (SuZ, S. 23). Er ist ein Sich-ans-Licht-bringender-Logos. Also ein apodiktischer Logos als Da-Logos, aber auch ein Logos apophainesthai, ein phänomenologischer Nous der Natur. (((bitte!!! Nicht verstehen, dass darunter die kantische Entgegensetzung Phänomena-Noumena anzuwenden und zu verstehen wäre!!!))) Ich rede von einer Natur-Sprache, die nicht von einem menschlichen Gebilde her stammte.

Also nochmal, wie meine ich und warum verwende ich "zeichende" und nicht zeigende Sprache? In der hermeneutischen Konstellation deutet die „zeigende Sprache" auf ein bestimmtes, von der Sache her, diktiertes Grundverständnis. Es zeigt etwas, was das Seiende zur Auslegung des Phänomens benötigt. Es hängt von dem Subjekt ab, nicht von sich selbst. Sie enthält das Pragmata, das Wozu. Die „zeichende Sprache" bildet das Verständnis der Seinskonstellation aus einer anderen Relativität, d. i. Perspektive. Die Auslegung ist unbestimmt (((Überwindung, Erweiterung des hermeneutischen Zirkels???))). Es zeichnet sich, nicht nur wovon in der Rede die Rede ist, sondern auch wovon in dem Verständnis das Verständnis ist, bzw. die Rede sein könnte. Es geht darum eine andere Perspektive zu zeichnen, zu interpretieren, aber auch interpretierbar zu erscheinen. Die Auslegung des Phänomens ist nicht nur ein Bestandteil des hermeneutischen Verfahrens als Textauslegung, sondern auch des ontologischen Denkens und Verstehens als Sinn(Sein)-Auslegung. Das Wissenschaftliche der Sprachwissenschaften, so wie auch der Naturwissenschaften und der Geisteswissenschaften, benötigen eine hermeneutische-ontologische Bestimmung. Das abstrahierende Bewusstsein kann daher seine Theorie und Praxis erschaffen, weil das Phänomen sich selbst auslegt.

Omnis determinatio est negatio. Die Affirmatio des Nicht-Wesens ist die relative Negatio. Und sie ist nicht absolut. So wie vor einiger Zeit das Meer eine ganze Küste und eine Stadt wässerte (Tsunami), wässerte auch das Land vor einigen Tagen der Fluss Missisippi ((((2002 wurde Dresden Opfer des Flusses Elbe))). Sein Wasser teilte uns mit, dass, obwohl wir sein Wasser durch Sandsäcke unter Kontrolle zu halten glaubten, wir das Problem nicht bewältigen werden, und das Wasser weiter laufen wird, solange es will. Die Sache ist so, dass, wenn das Wasser eine Richtung nimmt und sich nicht weiter ausdehnen kann, bzw. entwickeln kann, wird es eine andere Richtung nehmen.

Die zeichende Sprache ist die natürliche Mitteilung und Überlieferung des Verfahrens der Physis in ihrem ontologischen und phänomenologischen Verhalten der Wesenheit der Phänomene, d. h. als seiendes Unsein (((Nicht-Sein))), (((Negative Dialektik))). Und so wie die Welt-Natur es macht, entfaltet sich unsere eigene Mensch-Natur (((Ich opponiere sie nicht, ich beschreibe nur gemeinsame Quellen!!!))) d. i. unseres Denken als seiendes Unsein, also Irrational.

Die zeichende Sprache und ihre Zeichen bestehen aus der Grunderfahrung des zugrundeliegenden Seinsverständnisses. Damit ist ihre Verständigung selbst in der Seinsproblematik verankert. Zeichen berühren das Sein als Ideen und/oder als Seiendes (als Phänomene), d. h. als Beweis und Gegenstand dafür, wie unser Verständnis über sie sein könnte oder nicht sein kann bzw. nicht ist. Die Verbindung und das metaphysische Verfahren zwischen Sein und Zeichen residiert in ihrer zueinander Zugehörigkeit. Das Sein und das Nicht-Sein sind indem, woran sie sich zeichen, bzw. zeigen und erscheinen, aber auch indem, woran sie sich nicht zeichen. Das Sein ergibt sich nun als verborgener, apophantischer Logos, als apophainesthai der Sachen selbst, als das, was sie sind (oder nicht sind). Ein Beispiel finden wir bei Gadamer, als er dieses Verfahren sehr gut erkannt hatte, als er die mimetische Abbildung in der Sphäre des Seins erkannte und das Bild (die neue Perspektive. Das Das-da) „... in der Tat in der Mitte zwischen dem Zeichen und dem Symbol" sieht (S. 159). Die Trennung beider Konstellationen ergibt die Konsequenz des Konstruktes des Subjektes, und auf dieser Art wird das Subjekt zum „zeichenden Sein".

Die „zeichende Sprache" entfaltet sich zur kritischen Stimme. Eine Naturstimme, die uns kündigt, wie ihr Verlauf ist, bzw. nicht ist. „Der Wille wäre die konstruktive, bzw. konstitutive Sprache zur Weltauslegung. *Der weltliche Wille der Phänomene ist der konstruktive Aufbaugedanke deren Auslegung"* [7]

Gadamer behauptet: „... das Verstehen selbst hat eine grundsätzliche Beziehung auf Sprachlichkeit."(S. 399). Meiner Meinung nach, ob bewusst oder unbewusst, das Hermeneutische ist die zugrundeliegende Antreibungskraft der philosophischen Forschungen gewesen.

Vielen Dank.

Mögliche Ersatz und zu bearbeitenden Teilen:

• Die Veränderung des Meeresgrundes/spiegels ist die zeichende Sprache als Warnung oder Ankündigung einer neuen Stufe der Evolution. Die zeichende

---

[7] J. Berzal, : Die Umwertung aller Werte nach Nietzsche. Hamburg 2007.

Sprache ist die natürliche Mitteilung und Überlieferung des Verfahrens der Physis in ihrer ontologischen und phänomenologischen Verhalten der Wesenheit der Phänomene, d. h. als seiendes Unsein. Lo del Tsunami. Negative Dialektik. Warum seiendes und nicht mehr Nichts? Me refiero a algo que no es pensado racionalmente por un ser consciente. La naturaleza se desarrolla en el seienden Unsein. De igual manera a la naturaleza, se comporta nuestra propia naturaleza, esto es, el pensar como seiendes Unsein, also Irrational.

- Wie entwickelt sich nun dieses Unsein bei uns Menschen, bei Tieren und bei Planzen? Sozialisch gesehen, erfahren wir ständig dieses Verfahren, das ist das Erbe des Unseins: Es sei durch Kriegen, Ölpreisen, Scheidungen, Mörder, Terrorismus, usw. Wie ist das möglich, dass sich nicht alle töten oder scheiden lassen?

- So wie vor einiger Zeit das Meer eine ganze Küste und Stadt wasserte (Tsunami), wasserte vor Tagen der Fluss Missisipi. Seine Wassern teilten uns mit, dass, obwohl wir seine Wassern durch Sandsäcke unter Kontrolle zu halten glaubten, wir das Problem nicht bewältigen werden, und das Wasser weiter laufen wird, solange es will. Die Sache ist so, dass, wenn das Wasser eine Richtung nimmt und sich nicht weiter ausdehnen kann, bzw. entwickeln kann, wird es eine andere Richtung nehmen. Das Hauptproblem sitz aber tiefer.

- El conocimiento depende del sujeto, pero la realización de un fenómeno depende de el mismo y su mundo (condiciones en las que se ve envuelto). Estas pueden ser variadas, y a su vez, variables en su realización, es decir, mismas condiciones pueden realizarse y llevar a cabo hechos diferentes.

- Die Natur spielt nicht, in dem Sinn: Sollte man z. B. den Philippinen fragen, ob sie spielt. Doch sie spielt, in dem Sinn: falls wir spielen, dann als Teile der Natur, spielt sie auch durch uns. Was verstehen wie unter „spielen"? Wenn sie spielt gewinnt sie immer. Die Sache ist so, wenn ich 2 Bälle rausnehmen würde, der eine Fussball, der andere Basketball, werden wir schnell verstehen worum es geht. Doch würde ein Wilder dasselbe verstehen bzw. verstehen können?

  - Esto es la temática del Kratylos: En toda Convención esta englobada una parte de naturalidad. Gadamer lo resume nach Schlegel: „Alle heiligen Spiele der Kunst sind nur ferne Nachbildungen von dem unendlichen Spiele der Welt, dem ewig sich selbst bildende Kunstwerk." (S. 111)

- Um Nietzsche herrscht die Perspektive, nicht das System. Das Ich ist Es, so wie das Es ist Ich.

- Die Unvernunft der Welt. Das phänomenologische Zeichen gibt uns Menschen auf die Frage des Ungebrauchs derselben Zeichen. D. h. dass die Zeichen von dem Gebrauch machen, was ihnen nicht von Nutze ist, damit sie Gebräuche entwickeln können. D. i. dass die Zeichen an dem, was ihnen nicht von Gebrauch erscheint, teil nehmen, d. h. von den Wesen der Dinge ihre Zeichenkunst gebrauchbar machen können. Wenn in Zeiten der Tsunami eine 100 Km höhe Mauer gestanden wäre, hätte er gewusst, bzw. gefühlt, wohin er brauchbar wäre, und wo nicht. Dieses Zeichen legt sich aus, indem es selbst vor dem Umwelt herausgefordert wird, d. h. sein Wesen nicht zur Vollbringung kommt oder dass es kommt, gelassen wird.

- *„Das Legein ist der Leitfaden der Gewinnung der Seinsstrukturen des im Ansprechen und Besprechen Seienden." (Heidegger 1993)*
- „... Gewinnung der Seinsstrukturen des im Ansprechen und Besprechen Seienden." (Heidegger 1993).
- in einem „apophantischen Logos" (eine zeigende Sprache, Rede) als ein „ ... Sehenlassen von den Sachen her" (Heidegger 2001, S. 23), d. h. als ,Nicht in der Sprache verankerten Ausdrücke', die durch Wörter unzureichend bleiben, und durch Wörter nicht mitgeteilt werden können, d. h. nicht um eine Reflexion über die Bedingungen des Verstehens und seiner Wiedergabe zu gewinnen, sondern um eine Reflexion aus der Seinsfrage selbst zu vernehmen, die die Phänomene und die Redenden in einer medialen Verbindung stellen könnte, in der der ,apophantischer Logos' das gerade zeigt, wovon die Rede ist.
- Er (der Logos) ist weder ein Urteilender Logos, noch ein propositioneller Logos. Er ist ein deskriptiver, zeigender Logos. Sein und Denken werden identifiziert.
- Der hermeneutischen Zirkel. Kurz gesagt: In jeder Lektüre ist der Leser damit konfrontiert, was er in einer Lektüre eines Buches, bzw. eines Ganzen vorkennt, d.h. in jeder Lektüre eines Buches gibt das Ganze, das der Leser vorahnt, den Teilen einen Sinn, den er nach Bearbeitung der Teile auskriegt. Also, das Ganze kann nur durch die Teile verstanden werden, und sie können nur im Bezug auf das Ganze ebenso verstanden werden. Er (der Leser) ist herausgefordert, das Buch als verteiltes Ganze, erneut es bedeutungsgebend wahrzunehmen, ohne diese Zirkelstruktur als ein nie abgeschlossener Prozess überwinden zu können: „Die einzelnen Teile eines literarischen Textes gewinnen nur

an Bedeutung, wenn der Leser schon eine Vorstellung von der Bedeutung des gesamten Textes hat, umgekehrt beeinflusst die Lektüre der Einzelbestandteile auch die Vorstellung von der Bedeutung des gesamten Textes" (Metzler 1999, S. 79).

- „Logos als Rede besagt vielmehr soviel wie delou, offenbar machen das, wovon in der Rede ‚die Rede' ist. *Aristoteles* hat diese Funktion der Rede schärfer expliziert als apophainesthai. Der Logos lässt etwas sehen (phainesthai), nämlich das, worüber die Rede ist und zwar *für* den Redenden (*Medium*), bzw. für die miteinander Redenden." (Heidegger SuZ 1993, S. 32).

- „Die Auslegung ist nicht die Kenntnisnahme des Verstandenen, sondern die Ausarbeitung der im Verstehen entworfenen Möglichkeiten." (Heidegger 1993, S. 148)

- Warum „zeichende" und „zeigende"? In der hermeneutischen Konstellation deutet die „zeigende Sprache" auf ein bestimmtes, von der Sache her, diktiertes Grundverständnisses: Es zeigt etwas, was das Seiende zur Auslegung des Phänomens benötigt wird. Es hängt von dem Subjekt ab, nicht von sich selbst. Sie enthält das Pragmata, das Wozu. Die „zeichende Sprache" bildet das Verständnis der Seinskonstellation aus einer anderer Relativität, Perspektive. Die Auslegung ist unbestimmt (((Überwindung, Erweiterung des hermeneutischen Zirkels???))). Es zeichnet sich, nicht nur wovon in der Rede die Rede ist, sondern auch wovon in dem Verständnis das Verständnis ist, bzw. die Rede sein könnte. Es geht um eine andere Perspektive zu zeichnen, zu interpretieren aber auch interpretierbar zu erkennen. Die Auslegung des Phänomens ist nicht nur ein Bestandteil des hermeneutischen Verfahrens als

Textauslegung, sondern auch des ontologischen Denkens und Verstehens als Sinn(Sein)auslegung. Das Phänomen leg sich selbst aus.

Die hermeneutische relative Anthropologie als Determinatio der Negatio.[8]

„Mit jenem **Un-** ist aber nicht gesagt, dass es sich hier um die Verleugnung oder Vernichtung von X-Sein handelt - in diesem Fall: das Sein der Vernunft – sondern es geht vielmehr um dessen Verneinung als das Nicht-X-Sein bzw. als die *Affirmation von dessen Nicht-Wesen*, d. h. was sie nicht (nur) ist: „Aus der Erfahrung. – Die Unvernunft einer Sache ist kein Grund gegen ihr Dasein, vielmehr eine Bedingung desselben".[9]

Meine Damen und Herren, in diesem Referat möchte ich Ihnen vortragen, was ich als „relative Anthropologie" nenne und seine Verbindung zu dem Einstichwort der Behauptung Spinozas „Omnis Determinatio est Negatio". (((Ich nenne es kurz gesagt, das Referat des Was wie das warum ist.))) Die Anthropologie sucht die Antwort auf die Fragen des wie, was, wo, wann und warum das psychologische Verhalten (Handeln)

---

8 Vortrag an der Otto-Friedrich-Universität Bamberg (WS 2008) von Jordan Berzal (Otto-Friedrich-Universität Bamberg).

9 Berzal, Jordan: Die Umwertung aller Werte nach Nietzsche. Der Ausgangspunkt jeder zukünftigen Metaphysik und Lebensverständigung unter dem Blickpunkt des Gedichts „Bitte". Hamburg: Dr. Kovac Verlag, 2007. Schriftenreihe Boethiana, Forschungsergebnisse zur Philosophie, Band 76. Hier S. 82.

stattfinden kann. Nicht nur, weil die Menschen kategorisieren können (Anthropologie), sondern auch, weil die Menschen sich selbst kategorisieren können (Psychologie). Die Erfahrung des Phänomenologischen ist, wovon die Anthropologie und die Psychologie ausgehen. In diesem Sinne, die Phänomenologie, weder ersetz, noch überwindet, die Metaphysik, es ist nur, dass die Phänomenologie die Metaphysik immer erneuernd gründet.

Die handelnde Anthropologie berührt die Sphäre der Ontologie. Nicht nur zu verstehen als die protagoreische Behauptung „Der Mensch sei das Maß aller Dinge", was zum relativen Skeptizismus leiten kann und als „methodisches Zweifeln" von Descartes als Wissensanfang erscheinen könnte. Sondern auch, dass es eine zugrunde liegende Wissenschaft, die die Relativität der Welt in seiner Konstitution, als Wesen des Grundes, wissentlich erscheint. Relativität heißt nicht Relativismus. Anders gesagt, metaphysische Gesetzlichkeit (die Relativität) ist nicht Gegenständlichkeit (Relativismus). Und Anthropologie heißt auch wieder nicht absoluter Skeptizismus, wie die atheistische Aussage: „Ich bin Atheist, ich glaube an Nichts". Das wissende Bezeichnung jenes Verfahrens wird als „relative Anthropologie" bezeichnet. Die Anthropologie entwickelt sich nun zum Wesensbestand ihrer Prinzipien. Ontos ohne Anthropos kein Logos und Anthropos ohne Ontos auch kein Logos. Es ist nicht nur eine psychologische Bewegung der Menschen. Nach dieser steckt eine noch tiefere verborgene Quelle, und zwar, das Sein sapiens und relativ. Die phänomenologische existenzielle Basis der Menschen residiert in ihrer anthropologischen Überweisung, Entwicklung und in ihrem "relativen Bewusstsein" (evolutive Entwicklung des Seins Gnoeseos).

Die Natur ist poiesis, d. h. handelnde Natur. Daher das Ich als handelndes Ich und handelndes Es: hier als relativ-anthropologisches Ich. Was heißt Anthropologie? Logie des Anthropos. Logie des handelnden Anthropos. Logie und Anthropos, Relativität und Anthropos. Das Sein lässt sich als Relativität (als Wissen (Sein) oder Nicht-Wissen (Nicht-Sein)) des „Gewissens" entwerfen. Relativiert sind die Zeit-Verhältnisse der Kategorien, einerseits, als Affirmatio, und, andererseits, als Negatio. Hiermit, also in der relativen Anthropologie, handelt es sich um Wissen, um das „Gewissen" der Welt, um das Gewissen des Universums, auch unter einer anderen Topologie „Gott" genannt, (Handelnder Demiurg oder Gewissen des Universums). Dieses Gewissen entspricht den Charakter eines Wesens des Grundes unter ontologischen Merkmale und Folgen, Wirkungen und Motive, handelnde Theorien und Praktiken.

Dieses nennt man nach Aristoteles Nous poietikos des Wesens des Grundes. Der Nous poietikos ist der Grund des Willens. Der Komplex des Nous poietikos (In-volutas Naturandi) ist Zugrundeliegendes als des Begriffs des Willens (Aktiv) als passives Verfahren seines (des Willens) Handelnsvarianten. Der Begriff des Willens deutet sein aktives Handeln an, als wirkendes Handeln. Nous poietikos heißt nicht nur Wirkung des Motivs, sondern auch gewirktes Motiv (Motiv des Motivs, Wirkung der Wirkung, Wissen des Wissens). Die Interesse, die ich aufzuwecken versuche, ist, dass der Nous poietikos sich einzupassen versucht, als lebende Determinatio (Existenz) seines negativen Wissens, das heißt, als Konsolidierung seines Werdens als Determinatio. Ein klares Beispiel sind die Genen jedes Lebewesens, die einen Ausweg suchen, um die Vollbringung seiner Evolution zu schaffen. Und diese Evolution sucht ihren Ausdruck, ihre Vollbringung und ihres determinierenden Auftauchens durch ihre Negation:

o   Den Anderen gegenüber,

o   Und sich selbst gegenüber.

Der Nous poietikos weiß. Er ist Wissen und Handlungsfähiger: Er ist das Zeichen der lebendigen Determinatio. Sowohl das Regen, als auch der Mensch, sind Wissen. Das Regen zeicht, die Wolke zeichen, der Mensch zeicht. Jede Determinatio zeicht, weil alle Wissen sind. Es zeicht, weil es weltet, und es weltet, weil es weiß. Das, was es weiß, ist das Insein des Weltbewusstseins, des Weltgewissens, oder auch weltliches, bzw. natürliches Wissen. Das Wissen der Involution zeicht sich, weil Omnis Determinatio Negatio est. Also das Zeichen ist negatives Wissen der Handelnsvarianten. Die Transzendenz der Involution zeicht sich, indem die Determinatio sich negierend handelt. Was meine ich mit Transzendenz? Mit Transzendenz ist gemeint die Suche nach dem neuen Wissen der evolutionierenden Determinatio, d. h. dass sich ergeben zum Objekt als seiendes Subjekt und sich ergeben zum Erkenntnis als suchende Handlung seiner Fähigkeiten, um sein Sein zu affirmieren bzw. zu negieren und dadurch zu entwickeln, sich begeben zur Untersuchung, erscheinen zum Wissen und zur Entwicklung des seienden und wissenden Seins, auch nachher als Transepisteme erwiesen.

Schon der Name „Meta-physik" deutet die transzendentale Wissensstruktur des Phänomens, d. h. die transphänomenale Metaphysik. Z. B. jede Formel ist Wissen, sucht Wissen, es fragt nach Wissen. Sie entspricht die Einnahme für alle (Ganze) und jedes (Teile) Phänomen. Sie sind variabele Konstanten. Dieses hat nicht mit Erfüllungsakte zu tun (Husserl), sondern mit der Form der Erfüllung und Akte, mit der Betätigung und die Transzendenz ihrer Transphänomenologizität (((Transphainomenov-logie))). Das Wissen, das der Nous poietikos entwickelt, ist ontologisch veranlagt, damit der Anthropos es erkennen kann. Seine Aktivität ist sein negatives Wissen. Sie ist seine Relativität. Der Anthropos spricht bzw. versteht, d. h. er versucht zu Wissen, das bedeutet, er ver-sucht das Wissen im Verstehen zu sprechen, verständlich zu verwandeln. Daher auch der Mensch als praktisches Dazwischen. Wenn man weiß, versteht man schon. Der Bezug zwischen der relativen Anthropologie, zwischen Relativität und Anthropos, zwischen dem natürlichen Handeln, dem Nous poietikos und dem kosmologischen Handeln, ist, dass jede Determinatio handelt, und so wie die Natur handelt, handelt auch der Mensch. Ein klares Beispiel ist, dass so wie der Rationalismus die Basis für jede Konvention ist, ist der Naturalismus, auch unter psychologischer Abstammung, Irrationalismus genannt, oder noch deutlicher ausgedrückt: als „negativer Rationalismus (Negative Dialektik)" als Basis seines Handelns. Es ist z. B. nicht dasselbe zu sagen, „Ich verstehe nicht, was du sagst", d. h. die konventionelle Basis des Verstehens ist die Kommunikation und sie wird angesprochen (Sprachspiele), als zu sagen, wie soll ich verstehen, was du zu kommunizieren hast, (Sprachspiele der Logien). Was ich denke ist nicht bestimmend für den Seinsanspruch, weil die Wissensstruktur des Seins gründlicher für das Kommunizieren und für das Verstehen ist. Hier blicken wir gerade auf einen umgedrehten Cartesianismus, d. h. weil ich bin, denke ich. Relativität heißt nicht Gegenständlichkeit des Phänomens, sondern eher Zugänglichkeit durch Seinstrukturen des Phänomens (metaphysische Gesetzlichkeiten), also des konventionellen Sprachspieles und des Sprachspieles der Logien. Verstehen ist konventionell kommunikativ.

Wissen ist relativ, ontologisch, aber auch phänomenologisch. Wissen ist natürlich. Wenn man weiß, versteht man. Doch wenn man versteht, weiß man aber noch nicht. Wenn man versteht, weiß man noch nicht, weil die zugrunde liegende Frage des Denkens, unbeantwortet bleibt. Welche ist die zugrunde liegende Frage des Denkens?: Das Wissen der Erkenntnismöglichkeiten. Das sind ihre Relativitäten. Die metaphysische Grundlage des Verstehens ist das Wissen, das Erkennen und das Sein (konventionell mitgeteilt oder nicht, wörtlich oder nicht wörtlich). Das Experiment teil sich unwörtlich aus; doch es teilt sich mit. Es handelt sich um Wissen, um Erkennen und um Auslegen, zusammenfassend, um Weltlichen. (((Die Frage ist nun, ob, wenn man es kommuniziert, versteht man es und weiß man schon?))). Also, konventionelles Zeichen ist konventionelles Handeln und konventionelles Handeln ist konventionelles Wissen. Die ontologische Gesetze sind aber Gesetze des Wissens. Wissen des Zeichens ist die ontologische Struktur des Wissens, z. B. das Wissen der grammatikalischen Struktur einer Sprache oder das Wissen der tektonischen Plackten, d. h. das Sprachspiel der Logien. Wir lernen nach dem Meinen, nach dem Erkennen und Verstehen zum Wissen, welche „Sprache" ontologisch zu identifizieren ist. Die Sprache bestimmt die Form.

Das Denken bestimmt den Inhalt. Wir sind unterwegs zur wissenden Sprache. Meinen, Erkennen, Verstehen sind Beweisführungen zum Wissen. Sie sind aber noch nicht Wissen. Sie sind eher teleologisches Verfahren des Wissens. Sie sind in seinem primären Stadium. Ein klares Beispiel davon ist das mayeoitische Verfahren des Lernens und Wissens bei Platon. Er sagte nicht nur aus propädeutischen Gründen, dass er nur wusste, dass er nichts wusste (mayeotisches Verfahren), sondern auch aus kognitiven Gründen des Nous Gnoeseus poietikos. In diesem Sinne, ist die „relative Anthropologie" als Eingrenzung der Ontologie zu betrachten. Die Gesetzmäßigkeit relativiert die Ontologie an das Phänomen, d. h. es weiß von den Phänomenen. Erscheinung, Erfahrung, Erkenntnisse, Wissen, sind Grundlage der relativen Anthropologie.

Naturwissenschaftlich ist die Konzeption der relativ-anthropologischen Welt nicht im traditionellen metaphysischen Sinne zu verstehen. Der Nous poietikos ist die suchende anpassungsfähige, wissenswollende Evolution, d. h. er ist die „intentionale Inexistenz" des Phänomens. Anders ausgesagt, der Nous poietikos der negativen Relativität ist die Involution. Also, die intentionale In-Existenz deutet auf eine Theorie: Die Theorie der Involution. Involution und Evolution sind der Kreislauf des Lebens. Der Nous poietikos und die intentionale Inexistenz deuten auf den Bereich der „metaphysischen Essentia": Das in sich enthaltenes Wesen, auch Substanz genannt. Aber auch der Bereich der intentionalen In-Existenz (Poiesis) deutet auf das Zentrum der „phänomenologischen Existentia": Das in sich enthaltenes Phänomen.

Ohne Existentia keine Essentia. Darum scheint mir der Brentanoschen Begriff sehr gerechtfertigt. Die „intentionale Inexistenz" der Seienden ist als Lebensform ihrer Entwicklung und als Akt der Funktion ihres Wissens. Jede Determinatio ist ein Akt des Wissens. Sie sind eine intentionale Akt in verschiedenem Modus: Aktmodus. Jeder Akt, ist ein Akt des Wissens. (((Nicht ohne Grund behauptet sich die Aussage, dass es keine desinteressierte Handlung gibt. Handlung ist wissende Handlung, d. h. wissender Akt. Jeder Akt ist interessierender Akt des Wissens))). Die Relativität ist der Nous poietikos der Welterfahrung und wissenschaftliche Weltverständigung. Der Nous poietikos handelt praktisch, d. h. er ist wissende Intention. Der Nous poietikos ist wissender Nous poietikos.

Und daraus ist die metaphysische Verknüpfung, die sich in ihr konstituiert, zu bewerten. Also, es geht eher darum, um die anthropologische Leistung der Relativität zu erkennen, die ihren ontologischen Wert erreicht, das in ihr steckt. Das heißt, es zu anthropologisieren ohne das metaphysische Wert zu verlieren. Und auf dieser Art, sind die Erkenntnisglieder, die diese Anerkennung bedeuten, zu integrieren. Erkennen heißt ontologisieren des Phänomens, um darüber wissen, d. h. um darüber reden zu können. (((Wittgenstein sagte Wovon man nicht weiß, sollte man auch nicht reden))). Das Phänomen ist geseint (das bedeutet, von Sein gelagert, d. h. von Wissen und Fragen, d. i. suchendes Wissen) und so gewinnt man die metaphysische Struktur des Phänomens. Im Grunde genommen, anthropologisieren das Phänomen, um über dieses Phänomen Wissenschaft zu betreiben.

Es handelt sich um die Anthropologisierung für die Verständigung dessen, was anthropologisiert wird. Wie drückt sich dieses „Wissenschaftliches" aus? Durch die „Logien" der Vernunft, auch „ontologische Sprachen" genannt. Das heißt hier Wissen durch Sprachen. Alle Wissenschaften sind als Anthropologie und Metaphysik gegründet worden, also als Wahrnehmen, Denken, Erkennen und Urteilen. Hier ist nicht mit Erkennen das Noumena des deutschen Idealismus gemeint, wo das Real-existierende mangelhaft zum Ausdruck gebracht ist, bzw. fehlt. Erkennen, Begreifen und Verstehen sind wissentlich begründet. Sogar die Assoziation ist Wissen. Wie wir assoziieren, ist eine Form des Wissens.

Jeder Akt ist ein Wissensakt. Ähnlichkeit und Kontiguität sind aber, neben der Beziehung des Kontrastes, die drei Hauptprinzipien der Assoziation, (so D. Münch), aber das erste, was man macht, ist suchen, um zu wissen. Nach

Husserl besagt Dieter Münch, dass „die Dingwahrnehmung ein Komplex von Perzeptionen, Imaginationen und Signifikationen"[10] sind, d. h. sie sind Perspektiven. D. h. wieder, dass dieses Wahrnehmen, genauso wie Erkennen, Urteilen und Assoziieren ein Frühstadium des Wissens sind. Daher auch „relative Anthropologie". Die Gemeinsamkeit zwischen Interpretation und Logien ist ihre Wissenschaftlichkeit, die in ihnen steckt. Das heißt, etwas was tut, dass die Relativität ihre Gesetzmäßigkeit erteilen kann und nicht ein Relativismus gründet, sondern das, was tut, dass sogar die Interpretationen eine Wissensquelle sein können, d. i. das relative Niveau, das jede Interpretation in sich hat. (((Die Wissenschaftlichkeit dieser Arbeit wird durch ihr relatives Wissen gewahrt.)))

Die Relativität basiert sich auf die Gnoseologie des Phänomens, ein poietisches Wissen und das sogenannte Dasein der Involution. Die praktische Relativität (dieses impliziert die relative Wissenschaftlichkeit) und das poietologisches Denken führt zur Wissenschaftlichkeit des Phänomens: Das ist seine wissenschaftliche Relativität (suchendes Wissen, poietologisches Wissen), die sich in der Involution befindet, entfaltet und erscheint. Welche Formen können die Logien des Wissens nehmen? Z. B. Aus-Legung und Perspektiven. Sie bedeuten das Wissen zum Ausdruck bringen. Die Tätigkeit dieser Logien bzw. des Logos, ist das ausgedrückte Wissen zu verständigen. Das ist die Verdeutlichung durch die Logien: (((Dilthey, Schleiermacher und Gadamer: Ansätze der Logie des Verstehens: Einzelnwissenschaft des Verstehens))). Perspektive ist nicht Relativität.

---

10 Münch , Dieter: Intention und Zeichen. Untersuchungen zu Franz Brentano und zu Edmund Husserls Frühwerk.. 1. Auflage – Franfurt am Main: Suhrkamp, 1993. Hier S. 190.

Die Perspektive leitet das Wissen der Relativität. Die Perspektive ist bestimmt nach dem Augenmerk des Betrachters. Die Relativität besitzt die Regelmäßigkeit jenes Augenmerks. Beide sind Grundsteine jener Ansprüche, die das Wissen und die Wissenschaft, als Wissen und Wissenschaft benötigen. (((Sie scheinen als Zweige der „fröhlichen Wissenschaft".))) Daher auch die Aussage Perspektivismus ist kein Relativismus und kein Skeptizismus. Das Hauptthema der Perspektive und der Relativität ist Wissen, (((philosophisch gesehen auch als Sein begriffen))). Sogar die Perspektive der Kunst enthält der Modi der Wissenschaft (((Nietzsche hatte das im Visier: Kunst als Wissenschaft als eine fröhliche Betätigung, Poietisierung bzw. schaffende Tätigkeit))). Die Relativität leitet die Bipolarität des Seins (Wissen und Nicht-Wissen).

D. h. der Kosmos der Perspektive ist die Relativität. Mit Perspektive gründet man eine Relativität, als Wissen der Teile eines Ganzen. Das Ganze wird relativiert und seine Teile versinnt durch mögliche Verneinung. Das ist seine Perspektive. Die Perspektiven sind seiende Verinnerlichungsblicke des Nous poietikos. Meiner Meinung nach, ist die Interpretation auf das Wissen bezogen, und zwar, als kategoriale Regelung der Semiotisierung der Zeichen selbst. Wir zeigen, aber es zeicht. Sie (Determinatio und Wille / Negatio und Nous poietikos) sind die Bipolarität des Seins als natürliches, aktives und passives Wesen. Logien und Relativitäten sind die Verknüpfungspunkten zum Anthropos. Diese Bipolarität kann das Sein in aller seiner Aktivitäten verwirklichen und verschiedenen Logien beschaffen (Einzelnwissenschaften). Diese Grundlage des Seins entwickelt sich als Wissen und Sein, bzw. Determinatio (Phainomenon) oder als Nicht-Wissen und Nicht-Sein bzw. Negatio (Relativität, suchendes Wissen).

Die Verwissenschaftlichung in der Zeit des Seienden als Erscheinenden beweist die enthülltete Konsistenz des Seins. Das bewusste und unbewusste Seiende des Seins impliziert die Ontologie. Die Mischung dieses Dualismus des Wissens und des Seins entwickelt nach Brentano, Husserl und Heidegger „die relative Anthropologie".

- Relativität / Negatio / Nicht-Sein / Nicht-Evidenz/ Nicht-Wissen ↔ Phainomenon / Determinatio / Sein / Evidenz / Wissen, was als Zeichen zur relativen Anthropologie sind.

Ein Prinzip jener Relativität ist die Spinozanische Behauptung, die lautet „Omnis Determinatio est Negatio". Wie Genieartiges ist diese These und Grundsatz. Er sammelte einstichlicht die Wirkung der Relativität der Natur in einem ontologischen Prinzip und er handelte es phänomenologisch. Spinoza relativiert S-O zusammen als Eins. Er phänomenologisiert das Ontologische: Omnis Determinatio est Negatio. Ein Beispiel dafür ist, dass jede evolutive Art die embryonalen involutiven „Zellen" (Monaden) beinhält, die eine neue evolutive Phase gründet.

Und auf irgend einer Weise (((ich denke immer noch, dass die Natur vielmehr weiß, als wir))) in den kausalen Determinationen, und demzufolge, in jeder Lebensart (organisch oder unorganisch) sind die involutiven Durchgänge zur Evolution (aber auch andersrum/Kehrweise), vorhanden. Für jede evolutive Phase ist die Involution vorhanden. Die Involution fordert die Evolution und die Evolution fordert die Involution. Sie sind Nous poietikos. Im Folge dessen, das Wesen der Determinatio ist die Negatio. Jede Determinatio ist und sucht, bzw. wirkt nicht nur die Bestätigung gegenüber den Anderen, sondern auch die Bestätigung vor und von sich selbst. Negatio ist:

- Einerseits, gegenüber des physikalischen Andere, ein physikalischer Körper kann nicht zwei verschiedene Räume gleichzeitig betreten, d. h. da wo der eine ist, kann der andere nicht sein (Es sei ein Löffel, eine Flasche oder ein Tiger).
- Und andererseits, gegenüber sich selbst: zeitliche natürliche Entwicklung, eine Pflanze, ein Berg, ein Baum. In der Entwicklung ihres Daseins wird z. B. seine Entfaltung in der Negatio ihrer früheren Stadien entwickelt. Relative sind Modi der Einzelnwissenschaften des Anthropos.

Die Negatio und das Nichts muss es geben (es gibt), um das Ontologische entwickeln zu können. Alles, was erscheint, ist. Aber das Studium der jeglichen Möglichkeiten des Inseins der Erscheinung benötigen (nicht das Mangel) die Bestätigung und Befriedigung dessen Erscheinens. Entwicklung heißt dieses. Die relative Anthropologie ist die Weltverständigung der Erscheinung. Was weiß ich über „Relativität"? Wenn man über Relativität redet, schließt man sich in dem Konstrukt einer wissenschaftlichen Wahrheit, d. h. ein Handeln, in dem man der Nous poietikos sinnesgemäß sein könnte, bzw. grundlegend ausgelegt werden würde. Die Relativität ist und blickt die Perspektive des Seinsmöglichkeiten. Relativität zeicht eine andere Perspektive des Seins (Real-Ontologisch).

Die Relativität des Seins ist seine Involution. Es geht um die Gesetzmäßigkeit des suchenden Wissens als Nous poietikos des weltlichen Verhaltens. Im Husserlschen Termini wäre es anmessend zu vergleichen mit „Meinen". Die Perspektive ist eine Repräsentation der Wahrnehmung. Meinen, Relativität und Perspektive. Das Meinen fängt an, seiend einer Perspektive. Wissen ist die Einnahme jeder Perspektive. Warum relative Anthropologie und nicht einfach, Anthropologie? Weil das Aufzuklärende ihm (dem Anthropos) gegeben wird. Warum benutze ich nicht den Terminus „Ontologie" und statt dessen sage ich Relativität? Es geht mir um Wissen, um negatives Wissen, nicht um metaphysisches Erkennen oder um analytische Ontologie oder analytische Phänomenologie. Relativität scheint mir realistischer, phänomenologischer und auch wissenschaftlicher. Sie sind nicht dasselbe. Die Relativität ist relativ-ontologisch, d. h. sie ist also nicht, nur relativ (was zum Relativismus führen könnte) oder nur ontologisch (was zur reinen Analytik führen könnte). Also, Skeptizismus / Meinen / Perspektiven / Erkennen / Verstehen, sind Beweisführungen in die Relativität des Wissens. Die Negatio der Determinatio ist das suchende Wissen. Der Prozess der Negatio ist die negative Relativität (Suchendes Wissen):

o   Die Relativität schließt den menschlichen Logos mitein.

o   Die Relativität ist der zugrunde liegende Nous poietikos des Seins. Sie ist negatives suchendes Wissen des Seins.

o   Die Relativität ist Involution und Entwicklungsfähigkeiten (Evolution) der Determinatio.

o   Die Relativität ist suchendes Wissen.

o   Relativität ist:

▪   In Brentano: „intentionale In-existenz", jedes Phänomen enthält eine Intention. (((in den Seiten an Seubert habe ich dieses Terminus als poietologisches Konzept jeder Erscheinung angewendet, nicht nur als Wahrnehmung, Vorstellung, oder Empfindung, sondern auch als seiendes Dasein und entwickelndes Wissen nach negativen Determinationsformen der Seienden))),

- In Husserl „Transzendentale Phänomenologie"
- In Heidegger: „Faktische Phänomenologie" Es zeicht, weil es weltet. Es ist ein Schritt weiter in die zugrunde liegende Phänomenologie (Nous Poietikos).

Der Nous poietikos der Determinatio evolutioniert und involutioniert in jeder Determinatio. Wie kann es sein, z. B. dass wir die Reste der Knochen eines Dinosauriers in der modernen Zeit finden könnten? Das wissende Verfahren der Natur entspricht wissendes Verfahren der Involution, und dieses nennen wir Evolution. Also, außer Wissen, was inexistiert das Phänomen? Erkennungsverfahren, um zu wissen. Die Produktivität dieser Erkennungsverfahren ist unterschiedlich, doch sie bezwecken das selbe Ziel, d. h. Wissen.

So heißt es:

- In-volution ($\cong$) als Oberbegriff,
- Nous Poietikos ($\cong$) als Eigenschaft des Verfahrens der Involution,
- Intentionale In-existenz ($\cong$) als Eigenschaft der Nous poietikos.
- Wissen ($\cong$) als zugrunde liegende Eigenschaft der Involution, des Nous poietikos und der intentionale Inexistenz des Phänomens

- Die Determinationen bereiten nun die Involution. Die involutive Determinationen bereiten sich für die Evolution vor. (((Wie man sieht, haben wir ein passives Teil, das sich aber aktiv ausdrückt. So wie auch andersrum sein kann.))) Meine Meinung nach, ist nun das Thema der Involution das Wissen (((Kausalität / Wirksamkeit / Lebendigkeit / Aktion / Wille))). Und das Thema des Wissens ist „das auf etwas bezogen sein", das seine Poiesis zeicht. Diese Poiesis ist das Charakteristikum der Determinatio (1), die wieder zur Evolution führt.

Also das Thema der Evolution ist die Involution, und das Thema der Involution ist die Evolution. Zugrunde liegend ist hier das Wissen als Eigenschaft der Poiesis der Determinatio zu beachten. In diesem Sinne, ist die Poiesis auch als Verfahren und als „intentionale In-existenz" (2) der Involution zu betrachten. Einerseits, definiere ich das Charakteristikum des Nous poietikos (1), und andererseits, binde ich, strukturalisiere ich, aber es moduliert sich jene Eigenschaft (2). Sie ist Wissen. Und wer bestätigt das Wissen des Phänomens?: (einerseits), der Anthropos. Und was betätigt sich nach dem Wissen des Phänomens?: Der relative Ausdruck (die relative Formel) des Phänomens. Und noch mal, wer betätigt den nach dem Wissen relativen Ausdruck?: (und andererseits), das Phänomen.

Das Wissen ist nun, einerseits, relativ-ontologisch und relativ-phänomenologisch, aber auch, andererseits, relativ-anthropologisch. Das ist die „relative Anthropologie". Bei meiner Arbeit geht es also um „Phänomenologie", um „phänomenologisches Denken" und um die Entwicklung und Beiträge der phänomenologischen Forschung fruchtbar zu machen. Es ist auch der Versuch den Begriff der Relativität in eine phänomenologische Geschichte der Philosophie zu übertragen, weil, meines Erachtens nach, jeder Philosoph und jede Philosophie die verborgene Schlüssel der „Relativen Anthropologie" entschließt.

Das ist das Wissen. Brentano, Husserl und Heidegger sind Schritte in die Untersuchung der zugrunde liegenden Phänomenologie. Z. B. Brentanos Ansatz über die Vorstellung und das Urteil. So wie der von Husserl über die Anschauung und die Repräsentation. Und auch der von Heidegger aus seiner Ontologie zur Fragestellung des neuen Seinsverständnisses. Die relative Anthropologie ist ein Schritt weiter. Sie ist Physis - Logos - Arche - Aletheia und Episteme. Die neuen Kategorien der In-volution deuten auf das neue Verständnis der Phänomenologie. Das bedeutet, dass die räumlichen epochalen Entwicklungsphasen der Phänomenologie das zeitliche Verständnis des Seins, bzw. des Wissens beschaffen, und dieses impliziert das seiende Sein und das seinige Seiendes.

Als Schlusswort könnte man in einer shakespearearischen Sprachform sagen: „Wissen oder Nicht-Wissen, das ist hier die Frage".

Vielen Dank.

Ersatz- und zu bearbeitende Teilen:

• Relativität ist:

   o   Wissen der Erkenntnismöglichkeiten,

   o   Metaphysische Gesetzlichkeit,

   o   Zugänglichkeiten durch Seinsstrukturen des Phänomens (Gesetzlichkeiten),

   o   Nous poietikos der Welterfahrung und wissenschaftliche Weltverständigung,

   o   Kosmos der Perspektiven,

   o   Blick in die Perspektive des Seinsmöglichkeiten,

   o   Sie zeicht eine andere Perspektive,

   o   Die Relativität des Seins ist seine Involution.

   o   Die Relativität schließt den menschlichen Logos mitein.

   o   Die Relativität ist der zugrunde liegende Nous poietikos des Seins. Sie ist negatives suchendes Wissen des Seins.

   o   Die Relativität ist Involution und Entwicklungsfähigkeiten (Evolution) der Determinatio.

   o   Die Relativität ist suchendes Wissen.

   o   Relativität ist:

       ▪   In Brentano: „intentionale In-existenz", jedes Phänomen enthält eine Intention. (((in den Seiten an Seubert habe ich dieses Terminus als poietologisches Konzept jeder Erscheinung angewendet, nicht nur als Wahrnehmung, Vorstellung, oder Empfindung, sondern auch als seiendes Dasein und entwickelndes Wissen nach negativen Determinationsformen der Seienden))),

- In Husserl „Transzendentale Phänomenologie"
- In Heidegger: „Faktische Phänomenologie" Es zeicht, weil es weltet. Es ist ein Schritt weiter in die zugrunde liegende Phänomenologie (Nous Poietikos).

• Hier hast du (in dem Referat in Bamberg) die Verbindung der 3 räumlichen Dimensionen (Länge, Höhe und Breite) von der Geometrie von Descartes (Zentrum 0-0-0), und der 4. zeitlichen Dimension (Theorie der Relativität von Einstein, 0-0-0-Zeit), und ihre Verbindung zur „Omnis Determinatio est Negatio" durch die Relativität. Die Verbindung zwischen Omnis Determinatio est Negatio und der „relativen Anthropologie" des Raumes und der Zeit ist die Relativität.

o Einerseits, gegenüber des physikalischen Andere, ein physikalischer Körper kann nicht zwei verschiedene Räume gleichzeitig betreten, d. h. da wo der eine ist, kann der andere nicht sein (Es sei ein Löffel, eine Flasche oder ein Tiger).

o Und andererseits, gegenüber sich selbst: zeitliche natürliche Entwicklung, eine Pflanze, ein Berg, ein Baum. In der Entwicklung ihres Daseins wird z. B. seine Entfaltung in der Negatio ihrer früheren Stadien entwickelt. Relative sind Modi der Einzelnwissenschaften des Anthropos.

- +(((Hier hast du die Antwort auf die Frage nach dem Was. Die Frage des Idealismus, des Transzendentalismus, des Egologismus und der psychologischen Eslogie sind durch das transegonale und transesonale Transzendieren des Es des Phänomens überwunden. Das Was des Esphänomen, d. h. z. B. das Lichten des Lichtes, das Lampen der Lampe, das Büchern des Buches, das Blitzen des Blitzes, das Hunden des Hundes, das Denken des Denkens. (Hier hast du endlich die Verbindung zu Heidegger, das Was, das transphänomenale Phänomen: es weltet. Así es como se da en Heidegger diese Tranzendenz-Transphänomenologie.) Das Was jeder Transzendenz und jedes Phänomens deutet auf den transphänomenalen/transepistemischen Esistenztialismus.)))
- ++(((Skeptizismus leitet das „methodische Zweifeln" von Descartes, die aber zum Wissen führen können. Skeptizismus/Meinen/Erkennen/Verstehen sind Beweisführung in die Relativität des Wissens. Das Skeptizismus scheint mir immer relativ zu sein. Der Mensch ist das Maß aller Dinge, scheint mir relativer Skeptizismus zu sein. Relativ-ontologischer Skeptizismus gefällt mir mehr, entonces retoca lo de xq. Usas Relatividad y no Ontología. Di que Relatividät ist relativ-ontologisch, nicht nur weder relativ, noch ontologisch.
- +(((Relativität heißt Wissen: wissendes Nous poietikos.)))
- +(((Die transzendentale Phänomenologie (Hu.) als Teil des Wissens der relativen Anthropologie. Die transzendentale Phänomenologie (Hu.) zur Faktizität der Determinatio (He.) für die Einweisung in die

relative Anthropologie. Brentano als Basis des Egos und der fremden Gewissenhaftigkeit des deskriptiven Psychologie.)))

- +Das Wissen der Teile, das Wissen des Ganzen und die Ganzheit der Teile sind in einer Wissenskonstellation, dass das Wissen die Unwissenheit und z. B. die daraus resultierende Angst entfernen kann.
- +Gut oder Böse, Gut oder Schlecht. Es ist Wissen, moralisch, metaphysisch oder physisch; das Schrecken des Phänomens ist Unwissenheit. Die Angst ist nur die Unwissenheit. Und es ist Wissen, bzw. Nicht-wissen, was zeicht, und es zeicht, weil es weltet, und es weltet die Sicherheit des Wissens. Die Evolution ist Wissenheit.
- +Das ontologisch wissende Zeichen: Transepistemologisches Zeichen.
- +Alles, was evolutioniert, weiß.
- +Ich kann mir nicht eine Determinatio vorstellen, die nicht weiß und lebt.
- +Die Kategorien von Aristoteles sind von nouseologischer, anthropologischer Abstammung. Jede Determinatio ist poietologische Negatio, es ist suchendes Wissen seiner Affirmatio. (Nous poietikos, Negatio ist S. 6 al final und/oder Al principio mit Spinozas Prinzip der Negatio))).
- +Die Anschauung nach Befriedigung jedes Wissens. Das Wissen des Erlebenden. Alles, was erscheint, lebt und ist Determinatio. Alles, was Insein ist, ist Negatio, ist Wissen, ist Nous sapiens. (Die neuen Kategorien des Seins der Erscheinung
- +(((Im Bewusstsein der Kinder (sie sind die am nahsten an die Natur des Erscheinendes sind) ist eingeprägt, das sie „nicht wissen".)))

- +(((Die Zeit als Maß aller Erscheinenden. Alles Erscheinend blickt die Zeit innern.)))
- +Bewusstsein ist immer Bewusstsein von etwas.

Zeichen der Phänomenologie [11][12]

Phänomenologie!! Wenn man an sie denkt, was verstehen wir darunter und wie ist dieses geschichtlich zu begründen? Diese ist die Frage, mit der ich mich in dem kommenden Vortrag beschäftigen werde. Dazu gehören auch Merkmale der phänomenologischen Forschung, die zur Geschichte der Philosophie latent und anwesend gewesen sind, aber die verschiedensten Richtungen eingeschlagen haben, und doch ihren ursprünglichen Fragenbereich gezielt versucht hatten. (Wie oft hat man erlebt, dass man eine Frage stellt, aber eine ganz andere Antwort bekommen hat als erwartet, oder eine Frage eine völlige andere Frage beinhält und daher die erste Frage fälschlicherweise geantwortet wird?). Diese Merkmale bestehen hauptsächlich aus der Subjekt-Objekt Konstellation.

Es heisst hier, dass der Weg, den sie genommen haben, nicht nur der Weg ihrer eigenen Philosophie gewesen ist, sondern

---

[11] **Vortrag SS/08 an der IUC Universität in Dubrovnik. Promotion von Jordan Berzal, Martin-Luther-Universität-Halle-Wittenberg.**
[12] Zu sagen als Titel „Die Zeichen... " wurde bedeuten ihre Grundeigenschaften definieren zu wollen (wie vielleicht Heidegger es gewagt hätte), doch hier geht es um den Verlauf ihrer Geschichte, Beschreibung, Deskription, nicht Bestimmung.

auch, dass der Weg einer phänomenologischen Forschung, die zum Ziel einer Hauptphilosophie oder erste Philosophie zu begründen versucht hatten, doch nie erreichbar erschien. Dieses Referat wird ein kleiner Exkurs in die Geburtstunden der Phänomenologie einiger Philosophen und ihres epochalen Philosophierens sein. Dafür wende ich mich, in der Form einer erzählenden Geschichte, an Platon und Aristoteles, an Decart und den deutschen Idealismus, vor allem an Kant und Hegel. Und an die wiedererinnerte Wiederkehr und Aufbau des Ursprungs der Phänomenologie: Nietzsche und Brentano und seine Nachfolgen, Husserl und Heidegger.

Platon definierte ethymologisch den Mensch wie folgt:

„So: Dieser Name «Mensch» (anthropos) bedeutet, daß die anderen Tiere von dem, was sie sehen, nichts betrachten noch vergleichen oder eigentlich *anschauen*, der Mensch aber, **sobald er gesehen hat, auch** *zusammenstellt* **und** *anschaut*. Daher wird unter allen Tieren der Mensch allein Mensch gennant, weil er *zusammenschaut*, was er gesehen hat."[13]

Die Menschen haben die Möglichkeit, die Realität und die Phänomene nach Zusammenstellung zu erkennen, das heisst, dass die Menschen die Grundform des Kategorisierens beherrschen und die Fähigkeit haben, sie anzuwenden. Nach jenem Zitat, sowie bei dem ganzen Dialog Kratyles, wo er die Verbindung zwischen Sprache und Erkenntnis zum Sein nachgeht, bezeichnete Platon, dass auf dieselbe Art und Weise, worauf das Bewusstsein und der Rationalismus sich

---

13 Platon, Sämtliche Werke, 4 Bände, hrgb. von Ursula Wolf. Übers. von F. Schleiermacher und Hieronymus und Friedrich Müller. Hamburg, Rowohlts Enzyklopädie, 35. Auflage, 2007. Hier Band 3, Kratylos 399c.

mit der Konvention zusammengesetzt werden, und zwar, als ihrer Arbeitsquelle, d. h. als ihre Inspiration und Betätigung, was übrigens zum sogenannten „Utilitarismus" führt, besteht vergleichsweise ein Paralelismus zwischen Natur, d. i. zwischen natürliche Essenz und Prädikabilität, was zum sogenannten „Pragmatismus" führt. So wie der Rationalismus die Basis für jede Konvention ist, ist der Irrationalismus, oder besser gesagt, der „negative Rationalismus", die Basis für die Natur als Quelle der universellen Sprache, eine verborgene Sprache, eine zugrundeliegende Sprache; die Sprache des Willens, die „zeichende Sprache".

Daher auch das Verständnis dafür, dass Platon nach der Beschreibung des Menschen als das, was er ist, also: „Zusammenschauende", ihn aber nicht weiter definieren kann, in diesem Sinne, als wie er sein kann, und seine Definition weiter an ihm selbst überlassen bleibt. Das Phänomen wird nun zur Untersuchung gezogen, als offene Definition, und zwar, als Charakteristikum seines Zeichens. Also Platon möchte nicht nur die Menschen als reine Eigenschaft (Substanz) definieren, sondern auch als (Akzidenzielle) Tätigkeit, die sich in der Welt ausmacht.

Aristoteles baut jene Exemplifizierung der „anthropologischen" Begründung des Menschen nach seiner Kategorienlehre (Sein als Eigenschaft, Sein als Möglichkeit, Sein als Wirklichkeit und Sein als Wahrheit[14]) und nach seiner Unterscheidung (so wie die Übelieferung dieses gedeutet hatte) zwischen Substanz und Akzidenz. Er brachte die „Zusammenschauenden" und „das Gesehene" zueinander und gleichzeitig auseinander, indem er die Kategorien des

---

14 Strube, Claudius: Zur Vorgeschichte der hermeneutischen Phänomenologie. Würzburg: Königshausen und Neumann, 1993. Hier S. 11 ff.

Seienden als „absolute Akzidenz" bezeichnete, das ist, was das Seiende von der Substanz des Seins rezipieren könnte und es auf die Phänomene übertragen könnte (ein guter Erklärungsarbeit über die Überlieferung dieser Problematik vergibt die Arbeit von Herrn Professor Claudius Strube: Zur Vorgeschichte der hermeneutischen Phänomenologie, indem er die Brentanosansicht über Aristoteles ausgelegt wird und Heideggersrezeption über Brentanosansatz problematisiert; soweit ich ihn richtig interpretiert habe)[15].

In diesem Sinne, könnte man ein Beispiel geben, also wie ist diese Vermittlung zwischen dem Zusammenschauenden und dem Gesehenem? Ein konkretes Beispiel könnte sein, die Tiere. Sie haben die Eigenschaft sich psychologisch nach Instinkten zu reagieren und sich so zu verhalten (das ist seine Intentionalität; ob alle unverzüglich und undenkend so reagieren, könnte man aber lange diskutieren). Die Hauptinteresse dieser Behaptung ist, dass in allgemeinem alle Phänomene, alle Seiende psychologisch, also anwesend-intentional bedingt sind. Der Unterschied mit den Menschen ist aber, dass die Tiere keine „zeichende Sprache" beherrschen. Die Menschen sind nach Aristoteles „Zoon Politikon", sagt er zurecht, aber sie sind dies, weil sie „Zoon Phänomenologon" sind, und zwar, als „Zoon Phainomenon". Die Menschen sind „zeichende Sprache", die die Anwesenheit des Seins, in allen seinen Kategorien vorliegt und Wesenheit gibt.

Die übermittelte Lieferung der oben genannten These der Unterscheidung zwischen Substanz und Akzidenz, mündet ohne Möglichkeit eines Gegenmittels dafür zu haben, in die Absolutheit des Ichs und der Substanzialität des Seins: Der Christentum und der alleswesende Gott. Die erste Behauptung

---

15 Ebd. S.10 ff.

lautet: Die Geschichte der Philosophie musste so kommen. Der Begriff der Substanz überbrückt das Verständnis zum höheren Wesen. Aus Seienden soll Sein werden. Die Substanzialität des Seins wird in Gott verkörpert und seine Akzidentabilität, also die Fähigkeit und Würde teilen sich an jenem Substanz sein zu können, ist die Gabe von Gott an die Seienden übermittelt. Die Frage nach den „Zusammenschauenden" und dem „Gesehenen" verschwindet in die Frage des „Allessehenden": Es ist die „absolute Substanzialität". Er besitz die Substanz und die Akzidenzien. Somit ist diese Phase, die Phase der „göttlichen Sprache".

Es war unvermeidlich, dass Decart, über das Cogito dachte, aber nicht das Cogitatum erwähnte: Es hieße damals nun „Das Cogito und das vergessene Cogitatum". Um das Cogito und das Cogitatum, als solches bezeichnen zu können, mussten sie zuerst sein, und danach aber, war das „Zusammenschauenden", was das Denken ermöglichte. (Man könnte denken, natürlich, aber dieses wäre das reine Chaos und nicht mehr erkennbar). In diese Tradition dachte man nicht wieder, weder an das Seiende, noch an seine „zeichende Sprache". Doch könnte man dieses betrachten als einen weiteren Schritt zur Annährung des Phänomenologischen der Philosophie: Der deutsche Idealismus: Die Idealisierung des Ichs und des Seins.

Hegel beschreibt die göttliche Vorsehung in uns als zeichendes Phänomen nach der Kategorie der Möglichkeit. Er sagt: „ – Noch hat auch dieses *Seiendes* den Wert eines *Zeichens*. Miene und Gebärde, Ton, auch eine Säule, ein Pfahl, der auf einer öden Insel eingeschlagen ist, kündigen sich sogleich an, daß noch irgend etwas anderes damit gemeint ist, als das, was sie unmittelbar *nur sind*. Sie geben sich selbst sogleich für Zeichen aus, indem sie eine Bestimmheit an ihnen haben, welche auf etwas anderes dadurch hinweist, daß sie ihnen nicht eigentümlich angehört."[16] Hegel bezeichnet hier das Zeichen von dem Subjekt abhängig, soweit sich als Objekt zeicht, blutet oder sich als erscheinende Selbstheit gründet. Es scheint das Verständnis dafür zu sein, dass jenes Seiendes, dass den Wert eines Zeichens hat, davon abhängen würde, was seine „Eigentümer" aus den Zeichen selbst seine Bestimmtheit stimmen würden. D. h. das Gezeichnetes hängt von den Zeichenden ab. Die Idealisierung des Seins als allerhöchste (als Erhobene) und allerniedrigste (als Basis) Wahrheit ist in Anmarsch. Das Seiende kann nur zeitbestimmtes sein. Diese „Wahrheit", dieses ewige Aphronesis (was oben als „negativer Rationalismus" genannt wurde) des Zeichens begründet hiermit seine neue Selbstwelt.

Das künstliche Beschaffen unserer Zeitalter beschleunigt jede mögliche Verständigung zwischen dem, was wir schaffen und dem was ist, was wir hervorgebracht haben. Die moderne Gesellschaft und die moderne Kunstartigkeit (seiende Apparate, Materialien) trennen sich immer mehr von dem ab, was ihre anspruchsvollere Tätigkeit ihres Grundes einmal zu sein erschien. Die „Lüge" der Welt und ihres Seins, erlaubt keinen Unterschied mehr zu haben zwischen Sein und Schein. Der Verlust an Identität wird von dem begleitet, was wir einmal Sein nannten und unter Sein verstanden wurde, doch nicht mehr als Sein verstehen können. Dieser Verlust ist weiter in der Kantischen Philosophie auszufinden, aber auch auf eine ganz anderer Art kann man es bis heute verfolgen.

Kant beansprucht die Subjektivisierung des Seins nachdem er die Kategorien als Quelle der Erkenntnisse über die Welt

---

16 Hegel, G. W. F.: Phänomenologie des Geistes. Stuttgart, Philipp Reclam Verlag, 1999. Hier S. 240.

bezeichnet und nachdem das Kategorische der Seienden die Welt erkennen könnte. Er behauptet in der Kritik der reinen Vernunft: *„...was wir als die veränderte Methode der Denkungsart annehmen, dass wir nämlich von den Dingen nur das a priori erkennen, was wir selbst in sie legen"* (B18 KdrV). Und dann behauptet Kant, dass das Ich alle meine Urteile begleiten müsse/solle, bzw. kann (B 131-132). Doch die Frage ist nun wen hatte er vergessen, als er sowas behauptete. Die Phänomenologie entwickelt und erweitert diesen Standpunkt. Es heisst Phainomenon-Logie.

Um über die Phänomene ein Wissen zu schaffen, ist es nicht notwendig einer Ichheit des Wissens zu erschaffen, sondern eher eine Intentionalität des Wissens zu entdecken, eine Psychologie des Wissens zu begründen, die zum Transzendentalismus in der Welt weiter führt. Eine Verbindung zwischen Welt und Idee. Platon war sehr berechtigt dazu zu neigen dieses als „Ideenwelt" zu bezeichnen. Die Vollbringung einer bewussten Intention impliziert die Natur einer unbewussten Intentionalität. Der Zusammenschauende und das Zusammengeschaute könnten also nicht weiter weit voneinander getrennt sein. Daher auch die mögliche Benennung dieser Phase als die Entstehung der Transzendentabilität.

Nietzsche und das Gnoti seauton. Wenn ich mein Es erkenne, kann ich endlich selbst sein: Ich werde, der ich bin; Es wird Ich, damit mein Ich selbst sein kann. Nietzsche selbst hält seine Philosophie für einen „umgedrehter Platonismus", d. h. hier, dass das Zusammenschauende und vor allem das Gesehene einen erneuerten Wichtigkeitsgrad in der Konstellation des Welterkenntnisses und Weltverständnisses erreichen könnte, und damit die „zeichende Sprache" zur kritischen Stimme erhoben werden könnte. Nietzsches Philosophie kann man sehr wohl als Perspektivismus bezeichnen. Um Nietzsche herrscht die Perspektive, nicht das System. Das Ich ist Es, so wie das Es ist Ich. Das Verborgene um ihm, das Verborgene um seine Philosophie und das Verborgene der Forschung über seines Philosophierens, sind Hinweise dafür. Die Perspektive wird von jener „negativen Rationalität" begründet, aber deswegen sollte man nicht ausgehen, dass sie die Abschaffung der „Wahrheit" oder sogar der „Wissenschaft" betreiben würde, sondern sie ist mehr ein Komplexiton von Relationen der Relativitäten (Anwesenheiten, Umwelten, Blickwinkeln,...), die, im Grunde genommen, eine erkenntnistheoretische Transzendentabilität weiter zu entwickeln versucht.

Nach den Brentanoschen Theorien der deskriptiven Psychologie wurde dies als Intentionalität bezeichnet, und somit über jene idealisierte Bestimmung des Zeichens hinwegzukommen. Es hiesse nun: Wo das Ich zum Etwas wird. Im Grunde genommen, Brentano beschreibt die Intentionalität als „Auf etwas gerichtet" sein. Es ist nicht das Zeichen, sondern auch das Bezeichnetes. Es ist nicht nur das Zusammensehendes, sondern auch das Gesehenes. Und auf dieser Art entschied sich diese Konstellation weiter für ihre Entwicklung. Zeichen bestehen aus der Grunderfahrung des zugrundeliegenden Seinsverständnisses.

Damit ist ihre Verständigung selbst in der Seinsproblematik verankert. Zeichen rühren das Sein als Ideen und/oder als Seiendes (als Phänomene), d. h. als Beweis und Gegenstand dafür, wie unsere Verständnis über sie sein könnte oder nicht sein kann. Intention heisst also auch wieder nicht Absicht eines psychologischen Wunsches. Erfahren zu können, was eine rationalistische Sprache versteckt, hängt nicht nur von dem ab, was wir nach dem intentionalen Gegenständen, psychisch, analytisch und logisch auszulegen glauben. Der Hintergrund der Intentionalität hängt von dem ab, was das gewisse „etwas" über „etwas" durch jenen Sprachen verschleiert ist. Intentionalität deutet nicht nur auf die psychologische Basis ihres Selbst, das heisst, als ob es sich um ein Kind mit Liebesverlust seiner Eltern handeln würde, sondern es bezieht sich auf die unbewussten und selbst apophainischen Quanten (sich pragmatische Einheiten), die von jenem „Etwas" zur Rechenschaft gezogen werden, und zwar, als die Verständigung ihrer späteren kommunikativen Mitteilung.

In der Husserlschen Philosophie wurde dieses, sehr eingeschränkt aber, Bedeutung genannt (von der Analytiker auch Sinn genannt). Eidetisch, heißt nun, intuitive subjektivistische Ideen zum Weltschau. Dies bedeutet, dass die Husserlsche Ideenwelt die Ideen bei/mit sich trägt. Wenn er aber in die Bewustseinsphäre eindringt, gewinnt man den Eindruck, er würde in das Schema des bewußtlichen Idealismus einfallen. Doch die phänomenologische Reduktion verlangt von dem Subjekt den Blick tief hinein in die Struktur der Welt und damit von unserem weltlichen Wesensschau. Der reduktive, „psychische" Blick unserer Erkenntnismöglichkeiten lässt den Begriff einer Ichheit ausfallen. Auf dieser Art bringen sie uns nah an die Welt und die Welt nähert sich an uns: die Brentanosche psychologische Deskription beschafft, dass die Husserlsche Reduktion nicht in die Wiege des Idealismus zurückfälle.

So ist anzusehen, dass, obwohl Husserl in die Struktur des Idealismus einzuschränken sein könnte, dieses nicht ohne Gründe der phänomenologischen Forschung zu entfalten ist. Dieses wurde von Heidegger weiter entwickelt als

„apophantischer Logos". Dieser Logos gründet die Komplexität des Phänomens der Zeichen mit dem Phänomen des Seins und ihre Verständigung zusammen. Das Apophainesthai der Zeichen ist, wie sogar auch Hegel sich darauf aufmerksam machte, unvollständiges solange wir nicht an sie teilnehmen: Daher diese Behauptung, dass ohne Idealismus, weder Anthropologie noch Psychologie; ohne diese aber kein Idealismus. Das Cogito verlangt das Cogitatum, sowie das Cogitatum verlangt das Cogito. „Zeichen" bedeutet nicht nur anthropos, sondern auch apophantikos. Heidegger akzeptiert den Terminus der Intentionalität (Brentano) vor allem, wenn dieser Begriff nicht in der rationellen Terminologie des Zeichensbegriffs angewendet wird (was Teilweise an Husserl vorgeworfen werden könnte und kann). Daher die Verwendung der Termini wie Affekt, Wille oder Gefühle, die zu verstehen sind, nach dem Begriff der Intentionalität.

Die Verbindung und das metaphysische Verfahren zwischen Sein und Zeichen residiert in ihrer zueinander Zugehörigkeit. Das Sein ist indem, woran es sich zeichnet, bzw. zeigt und erscheint. Das Sein ergibt sich nun als verborgener, apophantischer logos, als apophainesthai der Sachen selbst, als das, was sie sind. Die Trennung beider Konstellationen ergibt die Konsequenz des Konstruktes des Subjektes, und auf dieser Art wird das Subjekt zum „zeichenden Sein". Z. B. sein Utilitarismus antwortet genau auf diese Art von Ereignisse. Hier handelt es sich um Rationalität zur Entstehung neuer „Welten" und zur Steuerung dieser durch ihre „neuen Sprachen" (Sprachwelten, Sprachspiele). In diesem Sinne, scheint der Pragmatismus zur Quelle der Sache selbst zu gehen, indem er jene Trennung vereinigt und diese Vereinigung gestaltet („verkörpert"), und zwar, als *zeichender* Logos. Die Interpretation solches besteht darauf Sein und Zeichen miteinander zu verknüpfen. Das Sein des Seins und das Sein des Zeichens als Irrationalität (nicht psychologisch, sondern eher Zugrundeliegendes zu verstehen) sind die Quelle aus dem das Subjekt zur Ratio (Vernunft, Bewusstsein, Sprachspielerei) kommt.

Als Schlusswort möchte ich erwähnen: So wie die Geschichte der Philosophie uns Zeigt, es sind Eigenschaften entwickelt worden von dem, was die Philosophen als phänomenologisches Grundverfahren zu bezeichnet sein kann, und zwar, als der Versuch die Antwort auf die Frage nach der Suche des Urwesens und des Ursprungs (Arche) der Ousias zu enträtseln. Diese phänomenologische Art von Philosophie besteht aus der Intentionalität der Phänomene die einer Physik entspricht, das ist, seine Physikalität. Es ist eine Reihenfolge von natürlichen, physischen Gesetze, die ihnen ermöglicht wird, dass sie in der intellektuellen Ansicht ihres Wiedererkennens wieder sein können. Dieses will nun sagen, dass, ausgehend von dieser Physikalität, die Revision der Phänomene in die Intellektualität wiederfällt. Dieser Wiederfall und Wiedererkennung sind möglich dadurch, dass die Intentionalität psychologisch, anthropologisch und/oder idealistisch ist (dazu der Begriff der Transzendentabilität bei Strube und Rickert). Das Subjekt ist der Verantwortlicher für die Übereinstimmung der Revision des Zusammengeschauten (Platon). Die physische Intentionalität ist von der Intentionalität bewertet, die in dem Bereich des metaphysischen Universums wiederfällt. Das Subjekt relativiert das Objekt, um ihm seine Universalität zu geben und zu begründen, das ist, sein fundamentales Gesetzt, das heißt, seine bestandene Intentionalität: Seine Phänomenologisierung.

So wie mal erwähnt: Das Es ist ich, sowie das Ich ist Es. Meiner Meinung nach, ob bewußt oder unbewußt, die Phänomenologie ist die zugrundeliegende Antreibungskraft der philosophischen Forschungen gewesen.

Vielen Dank

Die Begründung des neuen Seins- und Zeichenverständnisses. Das Warum der Frage nach dem Zeichen: Die Erlösung des Seins.[17]

Dieser Diskurs wird von der Frage begleitet worden sein:
Warum auch über das Zeichen erneuet gefragt werden soll?
Um in diese Thematik einzugehen, werde ich mich an den Paragraph § 17 von Sein und Zeit wenden.

§ 17. Verweisung und Zeichen

Das Sein der Phänomene zeigt sich als die ontologische Seinstruktur der Zuhandenheit durch den Begriff der Zeichlichkeit, und zwar, als entsprechendes pragmatisierendes Sein in der Zeit, die zur Weltheit der Phänomene wird. Unter diesem Aspekt, Heidegger verbreitet seine fundamentalontologische Interesse auf das Begreiflichkeitsvermögen (Begreifnis) des Zeichens. Diese Problematik mündet in eine neue

17 Vortrag SS/08 an der theologischen Fakultät in Erlangen: Heideggers-Tagung, von Jordan Berzal, Martin-Luther-Universität-Halle-Wittenberg.

Charakterisierung des Seins, aber auch des Zeichens selbst und ihrer Merkmale, was wiederum zur neuen Perspektiven ihres Seins und ihrer Seinsverständnis erweitern können und was die Umwelt zwischen Sein und Zeichen ontologisch und überhaupt beschreiben lässt. „Zeichen sind aber zunächst selbst Zeuge, deren spezifischer Zeugcharakter im *Zeigen* besteht." Die Zeugartigkeit des Zeichens, und zwar, als konventionelle Weise unserer Umwelt deutet auf die Verwendungsebene derer Aufbau und Grund ihrer Verhältnisse zur Verweisung. Daher „kann das Zeigen als eine Art von Verweisung bestimmt werden". Heidegger beschreibt weiter dieses Verfahren des Zeigens, indem er die Verweisung auf die Ebene der Beziehung anschließt, und zwar, nicht als das, was auf den Inhalt ihrer Beziehung (des Zeichens) bestätigt, also als das Wie, sondern eher auf das „formal-allgemeine", was es ontologisch bezieht. Das heißt, das Zeigen ist sowohl Verweisen, als auch Beziehen. Aber das Verweisen, bzw. das Beziehen ist nicht ein Zeigen. Die Artigkeit des Zeigens entscheidet die Seinsmöglichkeit der Verweisung und der Beziehung. So sagt Heidegger: „Jede Verweisung ist eine Beziehung, aber nicht jede Beziehung ist eine Verweisung. Jede Zeigung ist eine Verweisung, aber nicht jedes Verweisen ist ein Zeigen. Darin liegt zugleich: jede Zeigung ist eine Beziehung, aber nicht jedes Beziehen ist ein Zeigen." Wenn wir uns auf die Bedeutungscharakter jener Zeichenbegrifflichkeit beziehen möchten, müssen wir aber jenes ontologisches Bereich zugrundeliegend haben. (((Die Zuhandenheit ist die Zeugheit der Vorhandenheit))).

(((Lo que he escrito acerca del pragmatismo y el utilitarismo (tanto en lo de Platon como en el libro azul + mirar Sein und Zeit.)))
Wenn das Zeichen als Zeug seine Dienlichkeit zeigt, dann ist es so, weil dieses Zeug aus der Umwelt des menschlichen

Handelns entsteht und „Als ein Zeug ist dieses Zeigzeug durch Verweisung konstituiert". Doch diese Konstitution entfaltet sich in zwei Momente ihres Daseins:
1.	Das Eine als ontische Zeug-Dienlichkeit,
2.	und das Zweite als ontologische Zeichen-Kategorie.

Das Zeichen ist Zeug, wenn die Möglichkeit zur Dienlichkeit besteht; es ist nun Verweisung, die zeigt. Dieses Zeigen beschränkt sich also als dienliche Verweisung. Wenn es nicht so ist, und die Verweisung nicht als Dienlichkeit, sondern eher als Zeigen zu betrachten ist, dann haben wir jene zwei Momente der Konstitution des Zeichens erreicht. So wie es Heidegger sagt: „Dabei ist aber zu beachten: dieses Verweisen als Zeigen ist nicht die ontologische Struktur des Zeichens als Zeug." Und nun, das Zeichen besitzt die Seinstruktur des Zeuges, aber das Zeug besitzt nicht die Seinstruktur des Zeichens. Zeichen haben die ontologische Struktur zugrunde, und zwar, als „... ontologisch-kategoriale Bestimmtheit ...", z.B. „... des Zeugs als Zeug."

(((Am Ende: Um klarer Verhältnisse zu schaffen, sehe ich aber in der ersten Behauptung des folgenden Paragraphs eine plausibele zusammenfassende Intention des im Paragraph 17. Erwähnten, das besagt „Zuhandenes begegnet innerweltlich")))

?¿?

Dieser Vortrag wird weder geendet, noch vorgetragen. Der Author ist in dieser Zeit nach verschiedenen Krankheitausbrüche nach Spanien zurückgekehrt. Doch nach einiger Zeit ist die

Beschaffung seiner Doktorarbeit (Das phänomenologische Transkription des Zeichens) vollbracht und nach hinreichenden Publikationen auf spanisch und nach der Postdoktorarbeit (Wissen der Zeit), übenamm er wieder, die Verfassung deutscher Vorträge, die jene Arbeit eine deutliche Verständnis brachte. Um an Professor Herr Seubert wurde gebettet, um eine scharfe Erklärung der meist erhoffenen deutschen Werke Herr Berzals, da aus unterschiedlichen Gründen, ist er mit Professor Xabier Insausti aus der Universität Baskenlandes, einer der Professoren, der Herrn Berzals philosophischen Wachstum, Werdegang und Leben weiter entfalnten sah. Sehen wir, wie es weiter vorgetragen wurde, um jene Werke zu verdeutlichen und auszulegen.

Ilustratio eines Werkesgrundes

Jordan Berzal. Ein philosophisches Profil.

Harald Seubert

Jordan Berzal ist ein Selbstdenker im besten Sinn des Wortes. Geschichte der Philosophie und ein eigenständiges Profil hat er schon in jungen Jahren und unter nicht immer einfachen Umständen miteinander verbunden. Die Energie und Kraft zur Verknüpfung auf seinem bisherigen Denkweg, der den Namen verdient und der Sache folgt, nicht einzelnen Methoden ist so erstaunlich wie die dabei leitende intellektuelle Leistung.

I

Eine erste Monographie galt Nietzsche und dessen Frage nach der „Umwertung aller Werte".[18] Damals schon war eindrucksvoll, wie Berzal einerseits eine prägnante Fokussierung seiner Fragestellung vornahm: Er führte Nietzsches Denken auf das Gedicht „Bitte" als Brennpunkt zusammen. Zugleich kam eine Vielzahl von semiotischen, ontologischen und metaphysischen Fragestellungen vor diesem Brennpunkt in den Blick. Denn Berzal ging es schon damals

---

18 J. Berzal, Die Umwertung aller Werte nach Nietzsche. Hamburg 2007.

um eine Problemsicht, die die disziplinäre Aufgliederung der Philosophie hinter sich lässt: Die Nietzschesche „Umwertung aller Werte" begriff Berzal als eine grundlegende Freilegung des Komplexes der Metaphysik, die Nietzsche als nihilistisch las. In dieser provozierenden Problemsicht, dass es mit dem leibenden Leben bzw. der grundlegenden Seinserfahrung auf den metaphysischen Wegen „nichts ist", schließt Berzal nicht nur an Nietzsche, sondern auch an Heidegger an.

Was aber besonders bemerkenswert ist: Berzal verabschiedet weder die Metaphysik noch die axiologische Wertelehre. Auch hier ist sein Debüt schon überzeugende Antizipation seiner späteren Denkwege und Erkundungen. Er nimmt allerdings Umschichtungen und Neuorientierungen vor. So gelangt er zu den Umrissen einer künftigen Metaphysik, die sich auf den Wert des Daseins konzentriert und transzendentale mit leibhafter, zeitlich sich entfaltender Subjektivität verbindet. Ausgehend vor allem von Manfred Franks[19] Arbeiten und in tiefer Kenntnis der subjektivitätsphilosophischen Ansätze der klassischen deutschen Philosophie entwickelt Berzal eine hermeneutische und semiotische Reformulierung der Selbstverhältnisse des Subjektes in seiner Welthaftigkeit und seiner Individualität. Dabei kommt dem Zusammenhang zwischen unmittelbarem Selbstgefühl einerseits und Reflexion eine konstitutive Bedeutung zu. Es ist faszinierend zu sehen, wie Berzal weit auseinanderliegende philosophische Konzeptionen von ihrem inneren Konnext her zusammendenkt.

Im Hintergrund steht die Bemühung um eine Fassung des Subjekt-Objekt-Verhältnisses, die Kunst, Wissenschaft und Philosophie aspektiv miteinander zu verbinden vermag. Das Grundverhältnis von Kognition und Gestaltung, als kreativer

19 M. Frank, Selbstgefühl. Eine historisch-systematisch Erkundung. Frankfurt/ Main 2002.

Weise des in-der-Welt-seins ist ein durchgehender Leitfaden der Überlegungen. Das Phänomen Leben führt weiter auf eine tiefenanthropologische Frage nach dem Menschen. Er ist nach Berzals dichten Darlegungen ein „Um", ein „Umwesen": einzig in ihm könne der Fluss des Werdens zur Ruhe gebracht werden. Mit Heidegger versteht auch Berzal Nietzsches Werk als Zeugnis einer „Entblößung" dessen, was auf dem Weg der Kunst ins Sein gebracht werden kann.

II

In meinem Vorwort zu Berzals Werte-Buch hielt ich seinerzeit die Erwartung fest, dass dies ein weitreichender Anfang für einen philosophischen Weg mit weitreichenden Verzweigungen sein möge.[20] Die Erwartung wurde nicht enttäuscht. In der Promotionsschrift griff Berzal in äußerst verdichteter Darlegung tief in die phänomenologisch-ontologische Tradition und ihre Grundprobleme aus.[21] Er spürt dabei der systematischen Wegstrecke der Intentionalität zwischen Brentano, Husserl und Heidegger im Einzelnen nach und rekonstruiert sie auf ihre eigene Zeichen bildende Kraft. Schon unter Bezugnahme auf Brentano legt Berzal einen umfassenden Logos jenes In-Seins dar: in der vermittelnden Schrittfolge von Sein, Wissen und Denken. Sie exponiert Sein in seiner Selbsttransparenz, seinem Wissenscharakter und versteht Denken als einen äußersten transepistemischen Horizont. Damit wird ein Problembestand, der im platonischen Ideen-Logos grundgelegt ist und in Hegels Konzeption des um sich wissenden Geistes in der ‚Phänomenologie des Geistes kulminiert, in eine intentionale Formation des Weltwissens überführt. Brentano bildet den Referenz- und Sammelpunkt

---

20 H. Seubert, Geleitwort, in: Berzal, Umwertung, S. 5 ff.
21 J. Berzal, Die phänomenologische Transkription des Zeichens. Studien über den Kosmos der Phänomenologie. Heidegger, Husserl, Brentano. Bamberg 2013.

jener Reflexionen.[22] Höchst eindrucksvoll und eigenständig weist Berzal in der Rekonstruktion Brentanos die Asymmetrie zwischen der „intentionalen Inexistenz des Seins und dem Wissen der Realität" auf.[23] Die Semiotik kann diese Lücke nicht schließen, sondern nur präzise anzeigen. Sie skizziert einen hermeneutischen Spielraum, so dass Berzal, entschieden wie kaum ein gegenwärtiger Philosoph, Heideggers Impuls Hermeneutik und Phänomenologie in ihrem Zusammenhang zu sehen, aufgreift. Natur und Wissenschaften bilden in jener Lesart ein verwobenes Arkanum des Verstehens.

Auch bei Husserl zielt Berzal sogleich ins Zentrum: Er deutet die phänomenologische Reduktion semiotisch als Ideation einer universellen Apriorität des „Seins der Zeichen". Der Phänomenologie gehe es noch einmal um die „Erkenntnis des Seinsbewusstseins" in Verbindung mit einer im Bewusstseinsstrom sich entfaltenden Logos-Verfassung des Seins selbst.

Das Ego cogito der transzendentalen Phänomenologie transzendiert den Immanenzraum des Bewusstseins Es ist gleichsam der „metaphysische Ort"[24] eines Cartesianischen Bewusstseins, von dem her die Einheit des Seinsstromes erst konstituierbar ist. Das Bewusstwerden der Einzelwisenschaften, auf das vor allem der späte Husserl im Licht seiner Cartesianischen Meditationen stieß, ist im Licht dieses phänomenologischen Kosmos zu interpretieren.[25] Damit wird das Programm von Husserls „Cartesianischen Meditationen" aufgenommen und mit der

---

22 Ibid., S. 19 ff.
23 Ibid., 26-42.
24 Vgl. dazu R. Wiehl, Metaphysik und Erfahrung. Philosophische Essays. Frankfurt/Main 1996, S. 7 ff.
25 Berzal, Die phänomenologische Transkription, S. 58 ff.

nach wie vor bestehenden Anforderung an Philosophie als Erste Wissenschaft verbunden.

Heideggers Denken bildet in vielfacher Weise den Zielpunkt der Berzalschen Rekonstruktion. Bemerkenswert ist auch, dass er Heideggers fundamentalontologischen und ereignisgeschichtlichen Denkansatz, ohne der Reduktion nach der einen oder der anderen Seite zu erliegen, mit der Tiefenpsychologie von Freud und Jung einerseits und den Entwicklungen der modernen Physik, insbesondere mit Einstein und Schrödinger in Verbindung bringt. [26]

Heideggers Philosophie bedeutet nach Berzals Verständnis eine „Wiedergeburt des Seins". Ihre ontologische Problematik entzündet sich gerade in der Zeit, deren eksistentiale Verklammerung intentional nicht fassbar ist, also auf eine „intentionale Inexistenz" verweist. Eben deshalb erweist sich das in-der-Zeit-sein als epistemische Herausforderung des Daseins. Vor allem anderen findet es in der Zeit und der Verbindung von Memoire und Prolepsis als Manifestationen der Zeit zu seiner Selbstmanifestation, im Gewissen.

Der Ausgang vom „Umselbst" wird damit, über Heidegger hinausgehend und in der Fortsetzung von Berzals Debütwerk als Index der Weltlichkeit aufgenommen. Wie aber sind dabei Subjekt und Objekt miteinander verbunden? Berzal kommt zu dem eigenständigen Topos des „Subobjektes" (also der Verschränkung von Subjekt und Objekt), in der er die eigentlich Zeichen schaffende Kraft erkennt. Dieses ist nicht nur ein Ich denke Überhaupt. Es entzündet sich gerade an dem zur Subjektivität Widerständigen; an dem Phänomen des Es, wodurch die Phänomenalität des seiner selbst

---

26 Mit diesen Denkformen ist Berzal sehr gut vertraut, im einzelnen und im allgemeinen.

durchsichtigen Ich, auf die Husserl mit den Traditionen der Egologie seit Cartesius zielte, selbst in eine Relativität und damit Relationalität hineingezogen wird. Hier entscheidet sich Berzal zufolge die anthropologische, auf Verleiblichung und deren Widerständigkeit verweisende Relativität des Ichphänomens einer relativen, besser und genauer: relationalen Anthropologie.

Anthropologie und Tiefenhermeneutik der Psychoanalyse lassen sich auf diese Weise gerade von Heidegger her mit der phänomenologischen Tradition verbinden. Man kann heute in Kenntnis des Textbefundes sagen, dass Berzals Zugangsweise durch Heideggers späte ,Zollikoner Seminare' vielfach bestätigt worden ist. Im Anschluss an die innovativen Arbeiten von Dieter Münch[27] geht Berzal von dem Grundverhältnis von In-Existenz als In-Sein aus, ein ständiges doppeldeutiges Grundverhältnis.

Dies ist der Rahmen, in dem die Fragebewegung zwischen Bestimmtheit und Unbestimmtheit zu einer, so Berzal, „Esistenziologie des Wissens"[28]geführt wird. Erst gegenüber dem Phänomen des Unbewussten: Freuds Es kann sich die Subjektivität formulieren, so dass dieses Es sich als „Cogitatum" der monadischen Selbstreflexion erweist. Dem Subjekt-Objekt entspricht keine Episteme, sondern immer eine transepistemische und semiotische Zugriffsweise.

Auf drei Spezifika ist besonders zu verweisen, da in ihnen die Eigenständigkeit von Berzals Ansatz besonders plastisch zutage tritt; (1) Die Epistemologien, denen sich die semiotisch umgezeichnete Phänomenologie aussetzen muss, sind, wie er

---

27 D. Münch, Intention und Zeichen. Untersuchungen zu Franz Brentano und zu Edmund Husserls Frühwerk. Frankfurt/Main 1993.
28 Ibid., S. 124 ff.

zeigt, selbst in eine Wahn befangen. Dies gilt für die relative Anthropologie, ebenso wie für die Tiefenpsychologie. Man muss sie von ihren Blickbegrenzungen lösen. Doch man sollte dies tun, indem man von ihnen lernt und nachdem man sich von ihnen über die Begrenztheit des Wissens hat aufklären lassen. (2) Der alte ontologische, bei Spinoza erneuerte Grundsatz „Omnis determinatio est negatio" wird zu einer Art Leitfaden für Berzal. Er setzt den Unterschied zwischen dem widerständigen Phänomen Es und der ihr Unbewusstes integrierenden Subjektivität. Sie ist gerade nicht eo ipso mit sich selbst vertraut, sondern kann im Idealfall mit ihrer eigenen Andersheit in Vertrautheit geraten. Wissen ist stets auf diese Negativität bezogen, die nicht nur ein logischer Operator ist, für den sie mit Hegel gehalten werden könnte. Hier wird Alfred North Whiteheads Theorie von Prozess und Realität, in der der Einzelfall immer wieder auf den Grenzpunkt der „widerständigen Tatsachen", der „stubburn facts" (des nackten Dass) stößt, zum Gesprächspartner und Gegenpart.[29]

Die Negation tritt damit in den Fokus. Sie muss selbst bestimmt werden können, und diese „Determinatio der Negatio" ist es, [30] die den hermeneutischen Zirkel in eine semiotische Dynamisierung versetzt. Das Nichts muss selbst determiniert werden, damit das in seine eigenen Negationen geführte Selbst der Vernichtung entgeht.

Leben, und zwar im Spezifischen: Überleben des schwachen, leidenden Subjektes begreift Berzal als Grundmaxime von Philosophie und Wissen: Darin leuchtet einerseits der von aller akademischen Zähmung weit entfernte kraftvolle Nous dionysischen Selbstbewusstseins im Nietzscheschen Sinn, anderseits ein Wissen auf, das benötigt wird, um überhaupt erst

---

29 A. North Whitehead, Prozess und Realität. Frankfurt/Main 1977, S. 450 f.
30 Berzal, Transkription, 136 ff.

die zum Überleben erforderliche Resistenzkraft zu gewinnen (3) Stärker als die Tradition der Phänomenologie insgesamt betont Berzal deshalb den poietischen Charakter des Nous. Damit schließt er an die bei Aristoteles, neben Theorie und Praxis genannte, dritte Lebens- und Denkform an : Das Erothema, das auf ein diesem Leben gewachsenes Wissen abzielen kann. Die Negiertheit des Seins vertieft und steigert sich in eine Involution, eine schon von der Formkraft des Geistes durchdrungene Prozessualität, die als konkretisierte Energie des Wissens zu fassen ist. Berzal spricht von der „Energie des wissenden Seins", [31] in einer Dynamik, die über die gängigen Grenzen des Selbstbewusstseins in ein gesteigeres Selbstsein hineinführt. Reminiszenzen an den späten Husserl und dessen Explikation eines „Ideals der geeinten Menschheit"[32] legen sich ebenso nahe wie an Sri Aurobindos philosophisch-yogischer Entfaltung eines „göttlichen Leben": „Life divine".

All dies formuliert Berzal in einer beträchtlichen Klarheit, frei von verfehlten Emphasen. Er zieht die Summe: Seine Arbeit zeige, was hinter der Philosophie und damit ihr zu noch zugrunde liegt. Dies eben sei die „transepistemische Methode der relativen Anthropologie",[33] in die der Philosoph mit seinem Denken ja selbst verstrickt sei. Berzal muss dabei in keiner Weise mit pseudophilosophischen Ansätzen flirten, die die Philosophie – und vielleicht das Denken mit ihr – verabschieden wollen.[34] Doch das Zugrundeliegende kann ebenso wenig ignoriert werden. Die Aufgabe des projektierten Denkens ist es stattdessen, selbst „eine wertende Energie

---

31 Ibid., 158 ff.
32 Einschlägig sind hier insbesondere die japanischen Kaizo-Artikel des späten Husserl.
33 Berzal, S. 183
34 J. Berzal, Wissen der Zeit. Tomo I. 2018.

zu werden, die die Welt aus einer neuen Perspektive der Erkenntnistheorie interpretiert"

III

Trotz seiner vergleichsweise jungen Jahre hat Berzal unter dem Titel ‚Wissen der Zeit' [35]ein zweibändiges insgesamt mehr als 1000 Seiten umfassendes Hauptwerk vorgelegt, das Zwischenbilanz zieht und diese verschiedenen Fäden zusammenführt. Der erste Band entwickelt eine Art enzyklopädischer und zugleich philosophiehistorischer Durchsicht durch das von Berzal vermessene Gelände: Berzal wählt einen dreifachen Platonischen Schlüssel. Er geht von der Platonischen Doxa, der Ideenwelt, der Anamnesis-Lehre und der Unsterblichkeit der Seele aus, greift dann aber von der kristallinen Gedankenstruktur in den Ausdrucks- und Dramaturgiezusammenhang des Platonischen Dialogwerks. Erst dieser Schritt macht die antipodische Nähe zwischen Platon und Nietzsche offensichtlich und erst er klärt die Sache der Platonischen Dialoge.[36]

Wilhelm von Humboldts Energeia-Grundsatz, wonach das Wesen der Sprache nicht in einem abgeschlossenen Ergon charakter besteht, sondern eben in der Dynamik der Energeia führt in den Innenraum des platonischen Denkens. Zwischen Denken und Darstellen, Sprechen und Glauben eröffnet sich hier das Spannungsfeld: Sprache ist Welt- und Wissenserzeugung.

Dies zeigt Berzal dann in einem ingeniösen Überblick über die maßgeblichsten Positionen, die in der Geschichte der

---

35 Ibid., S. 85 ff., vgl. dazu auch H. Seubert, Platon. Anfang, Mitte und Ziel der Philosophie. Freiburg/Br., München 2017.
36 Berzal, Wissen der Zeit I, S., 167 ff., S. 176 ff.

Hermeneutik eingenommen wurden. Der „hermeneutische Logos", bei Heidegger insbesondere in der Indizierung des „hermeneutischen als" prominent geworden, manifestiert sich auch erkenntnistheoretisch. Berzal weist im Einzelnen auf, wie von diesem Ansatzpunkt her sprachanalytisch epistemologische und hermeneutische Erkenntnistheorie miteinander konvergieren.

Ein eindrucksvolles Kapitel widmet sich dann der Sache der Dialektik, wobei Berzal im Anschluss an klassische Studien von Gadamer und Manfred Riedel von der Spiegelung des dialektisch-ontologischen Anfangs bei Parmenides und Heraklit und Hegel ausgeht. Der Logos der Dialektik, bzw. die Entstehung der Logik aus der dialektischen Widerspruchskunst, spielen dabei eine entscheidende Rolle. Es wird deutlich, dass Berzal den Gefügezusammenhang der abendländischen Denkgeschichte als ein großes Korrespondenzverhältnis begreift. An ihm vorbei können auch epistemologische Grundfragen nur unter dem gebotenen Niveau besprochen werden.

Nicht zuletzt ist es das Verhältnis von Sein und Nichtsein, das Erkenntnis in Bewegung hält. Berzal rekonstruiert hier die Verfügung zwischen Wille und Wissen, Wissen und unaufhörlicher Fragebewegung, die immer ein Distanz-verhältnis aufspannen und daher mit Negation verflochten sind. Heideggersche seinsgeschichtliche Impulse und der Nietzscheanische Impetus der „Fröhlichen Wissenschaft" werden auf diese Weise mit dem Un- und Unterbewusstsein der Tiefenpsychologie verschränkt: „Die Natur der Negatio spricht wissen. Der Wille negiert das Wissen und wirkt somit ein anderes Sein aus. Die Sprache der Negatio ist das, was macht, dass die Sprache spricht. Diese ist die Geschichte des Seins und de Negatio des Selbst, des Nichtseins und dessen, was man früher war".[37]

---

37 Ibid.,, S. 644 u.ö..

Als Spezifikum von Berzals Denkansatz ist allerdings zu bedenken, dass es ihm nicht um eine Überwindung und selbst nicht, mit Heidegger, eine Verwindung der Metaphysik geht, sondern um deren Rekonstruktion und Wiederaufbau meta-physischen Denkens aus dem Heideggerschen und Nietzscheanischen Nullpunkt im Horizont der heutigen hypermodernen Wissenschaften.

Im zweiten Band des eindrücklichen Werkes tritt die Dimension der Subjektivität in feinen Facetten und klaren Umrissen hervor. Berzal untersucht die Konstitution des Selbst als eines wissenden Ich, das zugleich über sich hinausweist, vom Seienden auf die Wahrheit des Seins hin. Ontologie und Subjektivität, werden so miteinander verschränkt. Medius terminus ist für Berzal offensichtlich eine Fortführung der phänomenologisch relevanten Semiotik. Dass der Heideggersche und der subjektivitiätsanalytische Weg des nachkantischen Philosophierens sich in Zeichen schaffender Reflexion verbinden können, verdeutlicht Berzal in seiner umfassenden Rekonstruktion des metaphysischen, bei Spinoza aufgenommenen Grundsatzes „Omnis determinatio est negatio". Wir gelangen an diesem Punkt zu einem „Wissen des Zeichens"[38], das in eminenter Weise welterschließend ist. Es führt zum „Wesen des Dinges"[39], das sich vor allem in der Aneignung von dessen Modalitäten, seiner Streuung und Welte, zeigt. Der Heidegger der Seinsgeschichte sprach von „Zerklüftung". Die Modalkategorien, die ontologisch erhoben werden, versteht Berzal als „wissende Relativität" des Seienden und umgekehrt als „Wissende Negation der Determinatio".

---

38 Ibid., S. 503 ff.
39 Berzal, Wissen der Zeit II, S. 140 ff.

Sein ist also immer auch „auslegendes Sein", und zwar nicht nur im Sinn der Text-, sondern auch der Welt- und Naturauslegung. Dabei versteht Berzal, anders als in der Hegelschen Tradition üblich, Natur nicht als „Entfremdung" des Geistes, sondern als dessen originäre Anwendungsweise. Philosophiegeschichte und systematische Philosophie konvergieren. „Das Wissen verbindet in der Zeit das Sein und das Denken als Schein des Willens"[40]. Gerade in diesem Zusammenhang spielen der Ausgriff in die psychoanalytische Epistemologie eines Grundes und Abgrundes der Vernunft und des „Logos der Materie", so wie er in der modernen Physik entwickelt wird, eine entscheidende Rolle.

IV

Diese Grundlinien unterstreicht Berzal besonders in einer Reihe von (im Einzelnen noch nicht publizierten) Aufsätzen und Vorträgen. Hier ist die Diktion eine direktere Plastisch, lehrend, streckenweise maieutisch, auf Mit- und Nachvollzug setzend und dialogisch. Man erkennt in diesen Vortragsmanuskripten den leidenschaftlichen Lehrer der Philosophie. Es sind vor allem die Zusammenhänge von Sprache und Denken, von Schein und Sein und die ontologisch-sprachphilosophischen Berührungsmomente, denen sich Berzal hier besonders befasst. Vor allem die Neubestimmung des Menschen als „res sapiens" ist eigenständig und weist die subjektivitätstheoretisch-egologische Problematik in das vollständige Manuale menschlichen in-der-Welt-seins ein. Dieser Ansatz hat hohe Überzeugungskraft. Berzal betont in einer Umkehrung

---

40 II, 591.

gängiger Ansätze, dass Sprache aus dem Denken hervorgeht und dieses voraussetzt – nicht umgekehrt.

In dieser Linie ist es eine spannende Frage, wie sich sein eigenes Denken weiterentwickeln und –positionieren wird.

V

Jordan Berzal ist, um es knapp zu sagen, ein Ausnahme- und Glücksfall in seiner Generation. Er verfolgt mit Intensität, Eigenständigkeit und einer gewissen Sturheit seinen Denkweg. Er fragt nicht, was und wer en vogue und gefällig ist, sondern setzt sich den Grundfragen des Denkens, in starkem Rückgriff auf Traditionen, aber zugleich vor dem Fokus der Moderne und in stringenter Sacharbeit aus. Biegsam und variationsreich ist dieser Weg indes bei den verschiedenen Themen, die aufzunehmen ist. Die deutsche Sprache ist nicht Berzals Muttersprache. Dies ist erkennbar: Er ringt mit dieser Sprache, in Liebe und einem urschöpferischen Umgang. Er eignet sie sich über Widerstände von Grammatik und Semantik hinweg an, im Fokus auf ihre tiefste philosophische Aussagemöglichkeit. Da Denken Sprache immer an ihre Grenzen, und mitunter über sie hinausführt, bildet Berzal die Sprache weiter – und formt sie zu eigenen Prägungen. Sein Denken entfaltet sich nicht zuletzt auch aus der Interferenz der deutschen und der spanischen Sprache. Aus der deutschen gewinnt er die klare – mitunter harte – Abgrenzung der Begriffe und zugleich den weiten ideengeschichtlichen Hallraum aus der spanischen dagegen eine hohe Kantabilität. Sie zeigt sich in seinen narrativen Diskursen über die Liebe und dem Rückgriff auf Nietzsche im Jahr 2020;[41] noch einmal greift Berzal dabei zurück auf

---

41 J. Berzal, La transvalorción de todos los valores de Nietzsche. Madrid 2020.

die ‚Umwertung aller Werte', die „Transvaloración de todos los valores". Es ist nicht einfach eine spanische Zweitschrift des Debüts, sondern dessen Neufigurierung, wobei weniger der Nihilismus im Blickpunkt steht, als vielmehr die Transfiguration, die Schritte des Ich über sich selbst hinaus: in eine menschliche Weltnatur, dem Berzals Nachdenken mit schöner Konsequenz gilt.

Das unsehbare Wort[42]

Von Dr. Jordan Berzal

In dem vorliegenden philosophischen Vortrag werde ich mich mit der Interpretation beschäftigen, nicht nur von dem, was die Sprache sagt oder das Wort besagt, dass wir jedem Tag in jeder Gespräche verwenden, oder in den Koffeshop oder in den Vorlesungen irgenwelcher Universität. Es handelt sich um eine zugrunde liegende Intentionalität der Inexistenz des Gesprochenen und als solches des Gedachtes oder des mitzuteilen Gewolltes. Es handelt sich nicht um eine psychologische Analyse als solches. Meine Einsicht und mein Studium ist eine metaphysische, anthropologische Forschung, aber dass sich vielmehr dem Phänomenologisches nähert. Deswegen sind meine Wörter eine Lesung des Wissens und des Es-zu-Begreifens als das Tor zu der Verständigung des wahren Gesagten und des Ausgedrückten. Ich werde mich mit den Zeichen beschäftigen, die sich poietisieren und gründen, als eine Wahrheit, die sagen will und mehr spricht, als die blosse Vernunft zuzuhören glaubt.

---

42 **Vortrag an der Universität Baskenlandes (U.P.V.) vorgetragen, SS 2020.**

Das Ich wird dann ein geesertes Ich in vielen seiner Perspektiven, nicht nur als die psychologische, sondern mehr als Zeichen und als Physis einer Welt, die sich als eine Wahrheit vermittelt und als eine Wahrheit entsteht, die sich ermittelt, ohne, dass man sie perzipiert und als eine Sprache, die ihr Wort die Wahrheit einer Interpretation sei, das heisst, einer relativen Perspektive in ihrer Zeit und in ihrem Raum. Das Es interpretiert man nicht als das Freudianische Es, was es sich sehr beschränkt sein würde, sondern wie das Konzept und die Verständigung der „Umwertung" von Nietzsche oder des „Daseins" von Heidegger. Das Es hat über alles den Zweck das „Esraum", ein „räumliches Es" in dem Sinn des „innerlichen Welt", der „sinnlichen Welt" oder der „gedachten Welt", „einverstandene Welt" oder „ausdrückende Welt" oder „künstliche Welt (als Werk des Seins)" der „Ichzeit", das heisst, des „zeitlichen Ichs".

Das Es ist dann eine Verbindung zum „geeserten Raum" und zum „zeitlichen Ich". Das im Bezug auf das als das Dasein und als das Daschein. Meine Analyse des Daseins ist im Bezug auf Brentano (intentionale Inexistenz) und auf Kant (sapere aude), und vor allem auf Heidegger.

Das Wort entstand aus dem Denken, nicht umgekehrt und daraus ergaben sich verschiedene Gedanken des Wortes in einem Sein und die beanspruchen ein Wiederfinden des Ergebenes und seines Ansehens. Dieses wurde eine wissende Vielheit des Phänomens und seines Wortes. Die Sprache ist Zeichendes und die Arten der Konservierung des Zeichens sind Mächte der Verständigung in seinem Wissen und kluge Beweisung des Seins als Status der Sachen und als Verantwortung und Unterhalt des Idioms selbst. Hier werden einige Beispiele zur Erläuterung des eben gesagten eingeführt:

1. Aus den Zeichen, die eine Wahrheit beinhalten, entstanden Wörter, die eine Sprache gründeten, Zeichen—Wahrheit—Sprache, und somit die Verfahrung und Entwicklung eines Wissenden durch die Wahl und Aussortierung des Nicht-seins,

2. Zum Beispiel durch die Entscheidung gegen oder für eine Wortordnung, eine Wortbedeutung, oder Sprachgebrauch, oder wie eine Philosophie auf eine Sprache oder auf Andere verstanden wird, usw.

3. Das Ende des Wortes

a. Einer Altgriechischen Sprache,

b. Eines Lateins,

c. Einer Landsprache,

d. ...

e. Sie alle richten sich auf das Wesen und Injektum ihrer Selbstheit, und zwar, als Zeichen, d. h. Anfang und Ende jeder Sprache. Aus dem Zeichen, wieder zum Zeichen zu werden. Eine Vergangenheit , die Zukunft ist, aber immer Anwesend ist.

4. Tätigkeitsverlauf des Tages, Wahl eine Strasse, eines Restaurantes, oder einer Pizza, des Platzes am Bus, oder des Strandes am Meer,

5. Diese deuten das Schema des Res sapiens des Nicht-seins an,

6. Und so tausende weitere Beispiele der Sprache als Nicht-Seinsentwicklung undals Nicht-seinsverfahren.

Das ist, das was man nicht sagt, aber man perzipiert, jenes apophantisches Wort einer Wahrheit der Welt, in der man sich befindet. Eine Maskerade, die uns viele mehrere Wahrheiten besagt, von deren wir uns vorstellen können. Eine Wahrheit eines tiefen Wissens der Wahrheit von dem, was man erlebt, was man experimentiert oder von dem, was wir glauben, dass das Idiom es sagt. Man nimmt eine Wahrheit einer Welt an, die (die Welt) das Wissen des Nicht-seins ist, das dem Leben zuhört. Die Wissenschaft hat diese Wahrheiten geforscht, die als eine Art enstehen als Psychologie oder als Physik, als Sprachwissenschaft oder als ein Wissen, das eine Weise von rationalem Verständnis sucht, oder wörtlich und ohne Möglichkeit zum Zweifeln überhaupt.

Meine Suche besteht und konzentriert sich auf das Warum das so ist, und Warum die Wissenschaft die Öffnung braucht, nicht nur der Logik, sondern von Logien als Sprachen, die sich selbst untersuchen, um zu sehen, dass ihre Wahrheit andere Wahrheiten beinhält, ausserdem was sie mitteilen, die weder rationelle noch irrationelle sind, sind Wahrheiten eines Nicht-seins, die gar nichts zu tun haben, mit dem was wir für das Sein halten.

Deutlicher gesagt, warum die Physik von Newton teilweise immer noch Wahrheit ist und teilweise von der Physik von Einstein überwundet ist. Oder warum die Philosophie nicht verschwunden ist, mit ihrer möglichen zeitlichen Unvernunftigkeiten der Geschichte der Philosophie, weder verschwunden wird und warum man der Philosophie braucht. Was man sucht, ist über alles nicht nur, was man sagt, sondern das was man verbirgt, das was man nicht sagt, aber was man ausspricht, dieser negative Weg, dessen was man aussagt, das heisst, sagend was man aussagt, nicht gesagt wird (oder man nicht sagen möchte). Es ist das negative Wort oder dieses ungesehe Wort, aber das man irgendwie perzipiert wird. Das aber übertragen auf den Weg in dem die Phänomene uns ihr Wissen vermitteln und die Toren einer Sprache öffnen, die Wahrheiten eines Wissens aussagt, das eine seiner Perspektiven der Wahrheit seines Bildes (Anschein) ist, seiner Vermittlung und seines Ausdrückenswollens eine andere verborgene Ratio (Ursache und Vernunft, Nous und Arche, Poiesis des Willens) ist. Das ist reine Phänomenologie eines Wissens, das sein Ich als ein geesertes Ich seiner Welt ausdrückt.

Das Nicht-sein redet aus dem Sein und es ist deutlicher, wenn man das Sein dessen, was nicht-ist, erkennt. Welcher ist der Schlüssel es zu entziffern? Darauf besteht, z. B. die Geschichte der Philosophie. Das ist die Aufgabe der Wissenschaftler, der Philosophen und, warum nicht, der Religiöse und der Künstler. Es ist eine Tiefenphänomenologie der Negativität des Seins als Wertung eines Wissens und Bestätigung eines Willens.

Das Zuhören des Wortes, des Bildes, des Anzeichens und deren Symbologie des Seins einer Welt, die sein Wissen und seinen Wille ausdrückt, ist woraus die vielen Philosophen zum Philosophieren gelernt haben, als auch beim Anhörend andere Philosophen aus der ganzen Welt. Man entdeckt nun, welche gründliche Intentionalität ihre Theorien beinhalten. Man hört dem Nicht-sein zu, ohne kaum zu sprechen und nach dem die Wahrheit und die Sprache des Zugehörtes zu begreifen, kann man es wiedergeben, als Kunstausdruck des Seins. Viele sind von den Meisten unverstanden und aus weinigem Arten nähern sich diese zu seinem Einblick, den man entfaltet und wahrgenommen wurde.

Nietzsche weinte wegen der Einverständigung, die er seines Seins fühlte, als er einen Pferd sah, das heisst, er betrachtete, er fühlte und er nahm wahr, dass seine eigene Eitelkeit an dem

Pferd selbst sah, das heisst, er fühlte sich von diesem Tier verstanden. Er fühlte seine eigene Menschlichkeit und wo er sie betrachtete, vermenschlichte ihn gleichzeitig. Nietzsche hatte in diesem Moment eine der Wahrheiten entdeckt, die er schon an einem seiner Aphorismen geschrieben hatte. Sein Wissen ist, zum Beispiel, Wahrheit von Wirklichkeiten und von Perspektiven. Das Unverständnis der Empathie des Werkes eines Genies ist vielleicht, sein besseres und einziges Leben. Es ist was das Wissen von Ihnen verlangt. Gut also, zum diesen Punkt angelangt, werde ich meinen Standpunkt aufklären, zum Beispiel, was die Grundsätze meiner Arbeit wären, und wie gesagt, auf die erwähnten Beschreibungen des Seins und des Nicht-seins und wie ich es tue, auslegen, in Bezug auf die Phänomene, die wir sehen und anfassen können, ohne zu vergessen, dass es eine metaphysische Struktur im Hintergrund bestehe, die ich erwähne, soweit die möglichen Punkten einer Referenz aufgeklärt werden, die schaffen, dass jene Struktur identifiziert werde.

Ich werde zu sagen und zu affirmieren anfangen, dass es nichts Vergleichbares gibt, als die Latenten der verborgenen Reaktionen, die ein reines Verständnis des Phänomens als solches voraussagen. Und ausgehend von dieser Prämisse und als Wert für alles, was in dieser Arbeit vorgetragen wird, kann man behaupten und ich behaupte, dass jene Prämissen die Phänomenen sind, die einen Da-schein vorzeigten. Das Da-schein ist also erstens eine latente Perspektive des Seins und des Nicht-seins, die einen schwierigen Versuch der Überwindung, oder besser gesagt, der Verständigung mit, des seienden Seins schuff. Also dann, man kann sagen, dass nicht jede Essenz eine Existenz beinhält oder sich als Phänomen ergibt und als etwas Wirkliches, aber jede In-existenz (im Sinn von Brentano und in dem ich gleich auslegen werde; bitte, ich rede nicht im Sinn einer Nicht-Existenz, diesen autochristianischen Sinn unterlasse ich den Jehovaszeugen, oder den sektarischen Fanatiker), In-existenz also ist von dem Phänomen der Urteile des Menschen von ihren befreiten Bewusstsein (Sein der Bewusstheit) und von ihrer Ähnlichkeit zu der Verborgenheit von ihren Seienden bestätigt.

Das heisst, dieses Bewusstsein, jene Subjektivität des Seins und der Seienden nähert sich immer mehr an die Wirklichkeit, das heisst, an dieses Es als Vorstellung des kritischen psychischen Es, und auch weltlich, das heisst, einer Anthropologie, die ich als relative Anthropologie nenne, in Bezug auf die Lebendigkeit der relativen Zeit von Einstein, aber auch auf seine Szenerie in einem Raum und der so genannten Relativität der Prämissen, die Gesetze einer Philosophie entstehen, die sich auf jene zusammenschliessen, aber die ihre umdauernde Zeit definieren, d. h. sie sind Wahrheiten in ihrer vitalischen Zeit, deswegen einige sind es immer noch, weil sie es waren, obwohl sie es nicht mehr sein werden, wie sie es noch sind, sondern sie transformiert in der Geschichte gewesen sind. Daher jene relative Anthropologie, d. h. Relativität einer Welt.

In diesem Sinne, das Wissen ist die Suche ohne Ausgleich des Seins und als Essenz des Nous poietikos der sogenannten Involution, das ist einer in-tentionalen In-existenz des Willens (volo auf Latín, in-volo also, das heisst, das Zugrundeliegendes des Willens; nicht Involution im physischen Sinne, oder wie des vorher erwähnten). Es handelt sich um die Suche der Essenz von allen, was es ist, warum ist es so und im welchen Sinn man versteht, was die Philosophen zu entdecken glaubten, das Wie des Seins war, von dem was alle Seienden bestanden waren und was war, was sie gut oder nicht-gut gleichzeitig machten.

Meiner Meinung nach, alle und jeder einzelne der Philosophen haben und sagen etwas Korrektes der Perspektiven seines Seins, aber gleichzeitig etwas Nicht-korrektes. (Dieses ist eine Begründung meines Buches „Wisser der Zeit", das behauptet, dass die Philosophie von Platon bis Hegel, von Kant bis Demokrit, von Seubert bis Insausti, von Duque bis Berzal, von Aristoteles bis Husserl, beträgt eine „hermeneutische Dialektik", die man als latente Weise in den Dialogen von Platon betrachten kann (zum Beispiel, bei dem Buchkapitel V seines Werkes die Republik) und als solches erteilt zu der Wahrhaftigkeit des Philosophen und seiner Geschichte, eine zugestimmte Wissenschaftlichkeit und eine andere Falschheit derselbe. Wie man auf dem Teil C wahrnehmen wird). Warum ist das, ist was ich gleich erwähne. Genau wegen des eben gesagten, das heisst, die Subjektivität und Intersubjektivität haben mehr in Verbindung mit dieser geesserten Teil der Welt. Das heisst, dieser verborgene Teil des Seins, was wir in jener Koffeshop wahrnehmen, hinterlässt Nicht-sein zu sein, um experimentierter zu sein, weder bewusst noch unbewusst, sondern „zeichender", das ist, bearbeitet von einer Vernunft eines Nicht-seins.

Wie? ist die Frage, die man sich stellen soll, wenn man ein Wissen über dieses Thema bekommen möchte, nicht nur um eine rationelle oder irrationelle Antwort des Seins selbst zu bekommen. Die Tatsache ergibt sich, sei es was es seie, ihre Wahrheit zu entdecken, bedeutet nicht einen Urteil auszuermitteln oder ein Urteil beurteilen zu können oder seine Wahrheit in der Genealogie einer Unvernunft auszudrücken, sondern das Wissen zu beachten, das man nicht ansieht, eines Nicht-seins, das über die Wahrheit seiner Welt spreche, als ein Wissen einer Perspektive, eine Wahrheit seines Wissens in der Zeit, eine Wahrheit, die ein Wissen erlebt und als solches leidet und ensteht, eine Wahrheit eines Wissens als ewige Wiederkehr.

Wie, ist eine Arbeit, die ich auf einigen Seiten von diesem Werk zu stellen versuche. Die Intelligenz des Phänomens wird so auf eine Genealogie des Wissens umgestellt. Die Evolution des Seins wurde so als eine Involution des Wissens geworden, was es das exintentielle Phänomen in aller seinen Dimensionen, die gleichweise für das Wissen des Seins, sich zu befreien handelte. Diese Namengebung und dann alles, was sie bedeuten könnte, das heisst, verbergen, sind also neue. Die Höhe dieses Zusammentreffens erbringt es sich das umbedeutende Zusammenempfinden zwischen dem Nicht-sein und dem Sein, dem Wissen und dem Nicht-wissen der Phänomene, die einen Überwille verlangte, von dem was man benannte, als ein existentielles und relatives Wissen, das es das Wiederführen auf eine der vitalischen Essenz gebunden zu der Zeit war.

Nur das Sein als Subjekt führt uns zum Sein der Idee zurück, und nur das Phänomen als Objekt bestimmt das Sein, das wir identifizieren können. Das ist, die Wahrheit der Logik des Wortes befindet sich jenseits des Objektes und des Subjektes selbst. Es entsteht die Aussicht, der Ausblick und das künstliche Gefühl einer Semiologie und einer Tiefenphänomenologie, die die Universen der Wahrheit der Perspektiven öffnen, in der sich das Wissen umbewegt.

Das unsehbare Wort spricht die verborgene Wahrheit des Wissens des Subjektes und des Objektes, das auch der Künstler zu perzipieren und mitzuteilen weiss, das ist, nicht das man perzipiert, sondern das man fühlt, das heisst, dass das Subjekt des Objektes seinem Sein eine Stufe der In-existenz anreicht, das heisst, es erscheint das Sub-objekt als Wille eines

Objektes eines Seins, das um sich selbst zu wissen bittet und als Subjekt zu erscheinen. Die Stimme des ontologischen Zeichens, drückte das phänomenologische Ontos aus, das die Prinzipien des Denkens gewesen war, die jetzt zu ihrer eigenen Wiederentstehung ihrer ewigen Wiederkehr ausgebärend waren, auch als Selbstzestörung und Umwandlung oder als die genannte In-volution des Nicht-seins, das heisst, als Selbstbewusstsein des Wissens des Phänomens als Zeichen eines geeserten Ichs des Res sapiens, im vorher erwähnten Sinn.

Auf dieser Höhe des Phänomens des Wortes verähnlichte man sich zu einem verberglichen wollen, was es unmöglicht in seinem Reich der genannten Zeichen der lebenden Welt gewesen ist und als zeichende Durchkehre in dem Sprechen des Fühlens, des Denkens des Gehörtes, das heisst, nach der Suche einer Transepisteme der Seienden und des Nicht-seins selbst, ein Res sapiens der Wissenden. Das heisst, man verbirgt nicht das zeichende Phänomen des Res sapiens der lebenden Existenz des Nicht-seins, sondern dass man verwortet in Naturwissenschaft und Sozialwissenschaft, als Begreiffnis überhaupt der Seienden des Seins. Zum beispiel, „warum oder was ist das Sein?" Eine der Fragen, die Martin Heidegger dazu brachten, das meiste Werk „Sein und Zeit" zu schreiben.

Die Artikulierung der Ontologie des Seins brachte man ein Zeichen von Überwindung der Materie des Phänomens des Gedachtes und des Lebendes, geführt zu einem sprachlichen Denken und von unterschiedlichen Idiomen des Seins und von Sein, was das Sein eines Fühlens bestätigte, was es wissende ist. Dies tat man zu bewerten, wie ein aktives Kommunikationsmittel, das es schaffte, dass man das Zoon politikon unterwertete und man in einem Sein von Phänomenen verteiltete: eine phänomenale Ontologie, das heisst, eine onoma poietika semiotika. Davon ausgehend, man bezug auf das Reich des Nicht-wissens, was das Zeichen der Sprache bedeuten könnte, und damit, man nahm die Bildung eines phänomenologischen Wissens wahr, das es wagte, jene Wahrheit in einer Sprache der wissenden Perspektiven zur Verfügung zu stellen, als entstehende Sprache einer Zeichenhaftigkeit, einer Symbologie und der Interpretation.

Ausserdem, man wiederführte das Wissen für das Wort in einem emotiven Fühlen, das streng zu sein brachte, mit der Herkunft des Wortes, die auch ein ontologisches Wiederfinden des Zeichens, das sich als ein naturales Seiende der Existenzen des Gewusstes gewarnt hat, in ein verallgemeineres Abenteuer aus Empathie für den Zustand des philosophischen und künstlichen Steines, d. h. ein Zeichen des Seins des Wortes. Also dann, man überwertete die Frage von seinem Sein, das Sein des Wortes aus einem Unterschied des philosophischen Wissens seit dem Geheimnis des Lebens eines Zeichens. Das wörtliche Werk eines Phänomens ist seine Existenz und seine Intentionalität seiner In-existenz seines Zeichens, seines Symbols und Bedeutung, seines Sinnes und Kommunikation, nicht nur über die Zeichen, sondern der Zeichen im ihrem Wissen des Nicht-seins. Man bewertete aus einer anderen Art die verallgemeine Zusammenstellung von Intentionen von ihren Sein-Zustand mit dem Wille des In-existierens, Überlegungen über die Aufgabe des Wortes, die man die Perspektiven seiner Interpretation und Zeichen einzunehmen tat.

Diese Wahrheiten des Phänomens erklärte zugleich den Zwischenweg des Zeichens als Evolution des unbewussten Wortes und seiner bewussten Wirklichkeit in Taten ergeben, um eine neue Welt von Verständnissen von seinem unsehbaren Wort aufzubilden.

Um zu wissen, entsteht das Wort als ein Zeichen des Erlebens das Sein als ein Wille, der ausdrückt, dass sein Wort identifiziert sein könnte. Das Wissen des Seins, als bewusste oder unbewusste Wissenschaft, ist also Vernunft eines Zeichens des Wortes des Seins, um aufzuklären, was man in der Tatsache oder in dem bewussten oder unbewussten Phänomen sich erlebt. Das Denken ist dann ein Fühlen der Wahrheit des Zeichens als Signus des Zeigens seines Willens und seines Seins. Es ist dann, wenn die Wahrheit ein Wissen des Phänomens zeicht, damit das weltliche Bewusstsein und das subjektive Bewusstsein eine Bildung eines neuen Seiendens der Phänomenen und seine Begreiffnis gründet. Das Wissen wird dann also ein Wort als Zeichen eines Bildes/Ansicht der Existenz. Das Wissen ist dann das Wort der Existenz als Beweis des Existierensseins und Wille einer Sichte der Wirklichkeit. Die Wahrheit ist nun die gesuchte Intentionalität des Wissens. Man ist also ein Wissen der Bewusstseine des Lebens in einer Welt. Die Wahrheit des Fühlens: das Wissen ist das Wort der weltlichen Vernunft der Existenz.

Das Existieren beansprucht also einen Wissenwille der Wahrheit des Seins in einer Welt und in einer Zeit. Existenz in einem Phänomen und in einer Zeit zu sein, beschafft, dass irgendein Wort seine Wahrheit suche, als ein Zeichen seines Wertes in seiner Geschichte. Die Wahrheit ist Zeichen des Wortes in der Geschichte der Welt seines Wissens. Die Wahrheit verlangt immer Wahrheitssuchende, damit ihr Wissen Einfallsfähigkeit eines Seins in seiner Zeit und Voluntas eines Willens sein kann, der nicht nur das Sein des Phänomens sehen möchte, sondern der vermittelt sein möchte, als ein Teil jenes Universums der Wahrheiten jedes Seins als solches Phänomen.

Die Wahrheit ist also Perspektive und Alterität einer Welt eines Wissens, das das Sein nachforscht, um die Welt zu begreifen und gleichzeitig der Wahrheit des Seins zu nähern, das ein Universum nachforscht, das eine andere Wahrheit zu sehen bietet, das heisst, eine andere Perspektive und eine ander Welt. Das Sein wird dann ein Wissenwille hinter dem Offensichtliches. So wurde es für Demokrit, für Lacan und für den Schreibenden, und sie diktieren ihren Wille nach der Erfahrung des Seins selbst als ein Wissen zu wollen. Die Wirklichkeit des Seins ist also dann die Wirklichkeit zu verwandeln, als einen Wille, der das Sehen transzendiert und der weiss, dass er etwas mehr verbirgt.

Es war so für Einstein, für Nietzsche und für alle denen, die das fröhliche Wissen der Wahrheit bewerteten, die man in einem Raum und in einer Zeit perzipiert. Die Lösung des Wissens einer Logie ist eine andere Perspektive, aber die von einer ihrer Wahrheiten ernährt worden ist, was es sie schafft und verwandelt als realistischer, ob es gehe. Es ist wo das Res sapiens die Philosophie der Philosophen zu unterscheiden hinkriecht, die Realitäten des Seins und des Nicht-seins betrachten, um sie als Sichte zu schaffen und als Wahrnehmungen ihrer Wahrheiten jenes Seins oder jenes Nicht-seins und so des eigenen Philosophirens.

Die Grundsätze der praktischen Theorie des Wissens in der Zeit sind also dann noch ein anderes Geheimnis, dem das Wissen möchte, dass seine Wissenslogie weiterbleibe, um sich in einer Zeit zu verwirklichen, die der Erfahrung transzendiert, aber sich der Erfahrung festhält, als Transepistemologie der Wahrheiten von dem, was das Sein als seine Wahrheit zeigt. Laut „Eureka" zu sagen, öffnet ein anderes Universum von Wahrheiten und dann sagt man, dass das Sehen eine andere Perspektive sich übertützt, um einen Wille eines anderen Wissens zu verlangen. Wille zu sein, bedeutet eine andere Wirklichkeit des Wissens zu perzipieren und welches seinen

Wille seines Seins verwendet, macht das Wissen einer anderen Dimension des Unbekannten einer scheinenden Realität auf.

Die neuen Aussichten des Seins sind also vielen Perspektiven eines Wissens, um Iche zu entstehen, die eine Wissenheit des Seins des Phänomens verwenden und die ein Wissen von sich selbst entfalten, damit sie sich selbst auslegen können, durch eine Einsicht ihrer Welt und ihres Lebens, dass die Vorstellung der Sprache tut, dass man nach dem Kunstwerk ist, mit einem Wissen jener Welt. Es ist der Anfang nach einem neuen Wissen der Perspektiven des Seins als Kunstwerke. Das Wissen ist also dann die Sprache des Seins seiner Kunstwerke als Phänomenologie der Seienden. Die Wahrheit des Wissens ist das Sein einer der Wahrheiten der Perspektiven der Phänomenen. Die Kunstwerke der Phänomenen besagen die Sprache des Wissens, damit das Sein der Wahrheit sich mitteilen könnte, mit der Welt, die Wissen der anderen Phänomenen verlangt. Wir sind Phainomenon koinon und dies ist die intentionale Inexistenz des Kunstwerkes der Phänomenen der Welt.

Dies bedeutet, dass das Phänomen sich in der Welt für und mit den anderen Phänomenen ausdrückt, besagend welches und wie, was und mit welcher Welt sich ausdrücken kann. Die Kunst des Phänomens ist nun ein Zeichen des Wissens der Seienden und einer Welt, mit der man verbunden ist. Die Sprache des Wissens eines Welt-phänomens in seiner Welt-phänomenologisch ist was beschafft, dass die Sprache ein Zeichen des Gezeichnetes habe oder nach dem Signifikant und Signifikat. Das Wissen des Phänomens selbst ist das Wissen des Seins und seiner Welt. Und die Sprache dieser Möglichkeit ist dann ein Zeichen einer Wahrheit. Die Sprache der Wahrheiten ist so ein Wissen über ein Sein des Phänomens als Perspektive seiner Existenz in einer Welt. Das Phänomen überleitet dieses Ich-welt auf die Es-welt, seiend sein Kunstwerk von sich selbst als Sprache seines Wissens. Das Wissen ist also dann die künstliche Sprache des Seins-phänomenologisch als Erscheinung der Existenz des Scheins des Willens.

Das Wissen ist die Sprache jeder Wahrheit nach dem man eine Perspektive sich verbirgt. Die Logik des Wissens ist wahrzunehmen, dass die Sprache eine Wahrheit des Fühlens eines Wissens der Perspektive entdecken kann. La raison de'etre des Phänomens spricht über die Perspektiven mit einer ausgezeichneten wissenden Logik, damit das Wissen der Welt ausgedrückt werden kann. Das heisst, das Wissen drückt sich in einer Logik des Wissens der Welt aus, nach einer Perspektive des Willens eines Seins. Das Empfinden ist also eine der Sprachen jener wissenden Logik des Phänomens als Wahrheit einer Perspektive, daher die Metafühltik.

Das Fühlen ist nun eine Macht des Erkenntnisses des Seins der Welt der Perspektiven. Das Sehen und sein Fühlen, das Reden und sein Denken, das Tuen und sein Wille, sind die Quelle des Lebens, die unsere Aktionen führt, damit die Perspektive des Seins seine Wahrheit habe, die besagt und die ausdrückt und die ein Wissen mitteilt, damit wir ein Kunstwerk seines Wissens aufbilden, als Sprache oder als Erkennen, als Realität oder als Intentionalität. Jene Sprache ist ein Fühlen, damit die gesagte Intention des Seins verstanden sein könnte, als die Wahrheit des Subjektes und des Ausdruck des Objektes, und als Intention des Sub-objektes. Das Sein wird dann in einer Zeit des Wissens, damit sein Werk seine Seinsgrund hätte und das Universum der Sprache einer Wahrheit hätte.

Die Metalogie des Fühlens ist eine Wahrheit eines Wissens sein zu wollen. Es ist eher eine Sprache des Objektes und ein Empfinden des Subjektes. Es taucht die relative Wahrheit auf, nach einer Wissenslogie der Tiefenphänomenologie und des Tiefenumbewusstseins, das das Wissen einer Wahrheit des Bewusstseins ausdrückt und des Unbewusstseins des Seins und seiner Phänomene. Die Wahrheit zu sehen, bedeutet eine Wirklichkeit zu erleben, dessen, was man als eine Phänomenologie des Seins nennen könnte, damit ihr Wissen eine andere Welt öffne, eine neue Welt von möglichen Iche, die die Realität von jener Wahrheit sein werden.

Das Sehen, das Perzipieren, das Denken, das Existieren, sind Wirklichkeiten eines Wissens eines Seins, das wahrgenommen wird, als Antwort auf alles, was es war und auf alles, was es sein wird. Das Wissen als Res sapiens, wird eine Aufklärung jeder Wissenschaft der Wissenschaft, als Wert einer Logie von sich selbst und die ihre Wirklichkeit ihrer Wahrheit als solches begründet, das heisst, ist Wissenschaft, und zwar, eine Wissenslogie und eine Auslegung dessen, was existiert und seines eigenen Ausdrucks. Die Wirklichkeit ist nun ein innerliches Wissen des Seins. Man ist wissend.

Das Wissen der Wahrheit einer Perspektive jenes Seins verhält sich so, damit es seiend von seinem eigenen Ich wisse, um ein Zeichen weiter zu beschaffen, als eine Sprache jener Wahrheit. Das Zeichen ist die Sprache des Wissens, und das Wissen ist das Idiom des Zeichens des Seins. Und die Vorstellung und der Wille sind das Phänomen der Aktivität des Zeichens, um in einer der Wahrheiten des Wissens des Seins zu existieren. Es ist dann, wo man eine Welt beschrieben wird, weil sie Wahrheit von einem In-existieren der Realität selbst ist. Die Phänomenologie des Seins ist also dann ein Wissen seiner In-existenz, wo es Perspektiven ansieht, wo es Gründe gab, und wo es Fühlen sehen, wo es Ideen gab, und wo man das Leben zeigt, wo es man ein Jenseits des Todes des Lebens gab. Das Geheimnis des Lebens ist zu wissen zu lernen, ein Fühlen und ein Ansehen, um Denken zu lernen, als eine Wirklichkeit, die ausgelegt werden kann. Die Sprache des Phänomens ist die Einsicht eines Wissens und wie sein Sein, als Phänomen, eine Wahrheit einer Wahrnehmung entdeckt.

Das Wissen ist nun der Schlüssel eines Gott-zu-seins einer Erde, die nicht erkannt worden ist und die bestätigt, dass ihre Wahrheit es war, ohne es gewesen zu sein, es ist, ohne es zu sein, und es wird, als es nicht sein worden wird. Hier können wir die möglichen Wahrheiten des Seins und des Wissens betrachten, als solches und der möglichen Sprache, die jene mit dem Nicht-sein miteinanderhalten. Das Sein und das Nicht-sein eines Ichs des Durchzuges auf ein Es als Eins, aber diesesmal als körperliches Phänomen, empfindend und sapiens, nicht als ein Gott, der nicht wusste, was es die Wahrheit der Seienden war.

Dies ist das unsehliche Wort, das darauf besteht, indem das Bild sich verstärkt. Das Bild des seienden Seins. Das unsehliche Wort ist eine ewige Wiedekehr de Ungesagten, aber als ein Bewusstsein des Mitgeteiltes und des Überleitetes, eine Empathie des Seins dem Wissen. Das Ende des Wortes würde nun das Wiedergeburt des Zeichens des Wissens des Seins sein. Die Variabeln des Wissens sind so festig, wie vorübergehend. Mich hat immer interessiert, was hinter diesem sich versteckt, ich meine, hinter den Sätzen, den Urteilen oder den bewussten Verhältnissen bis die Studien und ein psychisches Verhalten weiter durchzuführen, obwohl man glaubt oder man weiss, dass man nicht ist, und als das geesserte Werk des Ichs oder das Kunstwerk des Seins und des Nicht-seins ist.

Psychologie und Anthropologie sind als bewusste Zeichen begründet, das heisst, einer bewussten Vernunft. Auf solcher Weise, das Es von Freud ist ein bewusstes Sprechen mit dem Sein. Mich interessiert, wie können wir das Nicht-sein, das sich versteckt, sprechen zu hören und begreifen und identifizieren, und damit wie es funktioniert, zu entdecken, und wie sie sich ausdrücken und wie das Wissen beschafft, dass sie sich miteinander kommunizieren und wie es schafft, dass sie sich miteinander verständigen. Meiner Meinung nach, wir können es durch das Wissen des Seins und des Nicht-seins nach der Suche nach den Kaffebohnen erreichen. Es sind Zeichen und Symbole, aber des Nicht-seins, weder bewusstes, noch unbewusstes Zeichen. Das Psychologische, wie das Anthropologische sind Zeichen eines Seins, das bewusst oder unbewusst ist. Was ich versuche zu erreichen, ist die Vernunft des Bewusstseins zu verstehen, und die Vernunft des Unbewusstseins als das Sein selbst, das zwischen beiden Vernünften mit dem Nicht-sein existiert. Ich möchte die Verbindung des Seins mit dem Nicht-sein zu verstehen, durch das Wissen und das Res sapiens.

Ich versuche die Tiefenphänomenologie des Nicht-seins zu eruieren, natürlich auch des Seins, aber als Begründung als Sein des Nicht-seins und als Nicht-sein des Seins. Daher die Verwendung der relativen Anthropologie und der Tiefenphänomenologie. Beide begreifen und sind auf das Sein bezogen, und sie sind ein Zeichen oder ein Symbol der Tiefenphänomenologie des Nicht-seins, aber nicht vollständig überhaupt, und deswegen den Bedarf der hermeneutischen Dialektik des Res sapiens des Über(meta)sinnliches oder Metafühltik. Sein und Nicht-sein in der Ichzeit eines Esraumes. Vor allem, des deutschen Idealismus und der deutschen Philosophie mit dem griechischen Philosophie die Tiefenphänomenologie zu gründen, als Entstehung einer anderen Philosophie. Das Wissen ist, was das Nicht-sein perzipiert, was es nicht ist. Das Wissen ist ein Werk des Nicht-seins und die negative Dialektik des Wissens ist, dass man wissend ist. Sein und Nicht-sein enstehen und begründen eine negative Dialektik und damit eine hermeneutische Dialektik des Wissens selbst. Hiermit wurde den Versuch vorgetragen: „Das Wissen ist, was einliest, was interpretiert, was denkzuhört und was betrachtet, was es nicht ist."

Meine letzten Wörter sind daran gerichtet, welche Hauptpunkten im meinem kommenden Vortrag vorgestellt werden:

1.   Das Da als Teil des Dascheins, was eine Verbindung zu Heideggers In-der-Welt-Seins des Daseins ist.

2.   Die Aufklärung des Da (was teilweise hier als verborgene Sprache gesehen wurde) als Dawissendes intentionale InexistenzSein.

3.   Und die Tieferung des Da, das aus verschiedenen Kategorien, Vorstellungen, und Überlegungen eines Res sapiens ensteht.

Vielen Dank.

Das Da-schein und das Da-sein:

Einen Blick auf das Da[43]

Von Dr. Jordan Berzal

Guten Tag meine Damen und Herren. Sehr geliebten Zuhörer, wie in dem vorigen Vortrag schon mal erwähnt wurde, es wird sich um folgenten Schwerpunkten handeln, dieses sind:

1.   Das Da als Teil des Da-scheins, was es sich als Bezug auf das Heideggerische Da-sein-in-der-Welt bezieht.

2.   Die Auslegung des Da, wie wir es in dem vorigen Vortrag und als „das unsehbare Wort" einer verborgenen Sprache, als Dawissende intentionale InexistenzSein.

3.   Und die Tieferung des Da. Als eine Da-tieferung, die ausfliesst, als unterschiedliche Kategorien, Sichte und Überlegungen des Res sapiens als Stand und Fähigkeit des Da-seins selbst, das heisst, des Seins, das es in der Welt des Wissens ist.

---

43 **Konferenz an der Universität Baskenlandes (U.P.V.) gehalten,** Sommersemester 2020.

1. Erster Teil: Das Da als Teil des Da-scheins, was es sich als Bezug auf das Heideggerische Da-sein-in-der-Welt ist.

Man stellt sich nun die Frage, was das Da dieser beiden Begriffen, Daschein und Dasein, eigentlich bedeutet. Hier erscheint die Weltheit des Daseins als Verständigung des Seienden mit dem Anderen in der Welt, und dieses verlangt ein Wissen des Da und damit der Wissenden.

Das Da (Inexistenz) als Teil des Da-scheins, was den Bezug auf das, was Heidegger als In-der-Welt-Sein besagt und als Eigenschaft des Da-seins ist. Und als Auslegung des Da als Dawissende intentionale InexistenzSein. Und der Tieferung des Da als Tieferung, die in verschiedenen Kategorien, Sichte, Bilder und Überlegungen eines Res sapiens als Zustand und Aktivität des Da-seins selbst entsteht, das heisst, des Seins, das in der Welt des Wissens ist.

Im Prinzip, wird es die Verbindung der Wörter dargestellt, die ich hier verwende als Da, Dasein, und Daschein. Dieses gründet sich auf dem Verständnis von der Verwendung einer Geschichte in der Welt als Teil des Seins und jedes Existierens. Man ist in einer Welt und die verschiedenen Seienden sind von einem Verweltlichen in einer Zeit und seinem Raum.

Das Sein ist, nach Heidegger und meiner Meinung nach, ein Treffen einer Zeit des Seins in einer Welt. Welt ist in diesem Fall, wie er sie beschreibt: Selbstwelt, Mitwelt und Umwelt, aber es ist das Da eines Umselbst, wie ich es beschreibe, (Da der inneren und der äusseren Welt, die Mitwelt ist damit einverstanden), was man in dieser Welt nachgesucht wird, eine eigene Verallgemeinerung oder Allgemeineres einer Eigenheit.

Gut, so definiere ich das Wort Um-selbst, aber ich werde es erweitern: das ist, es tut aus seinem eigener Welt eine Welt, die schon in der Zusammenfassung der relativen Welten der Stringtheorie in einem Universum erschienen wird, als etwas, dass wir bei jedem Erlebnis wahrnehmen.

Die Welt der Relativität des Res sapiens, die in der Welt sich reflektiert, die jedes Selbst (man selbst) aufbaut, damit man sich ein erweitertes Univers öffnet, damit diese Welt selbst oder diese Eigenheit sich interpretiere als ein Allgemeineres, in dem die Strings jenes Res sapiens ihre Zeit und ihren Raum hätten und eine einheitliche Wahrheit seien.

Ein Allgemeineres ergibt sich in einer Eigenheit und diese Eigenheit ist ein Verallgemeineres, aus dem aus seiner Welt, Wahrheit beschafft, z. B. das Um-selbst erscheint nun als die Mischung der Heideggerischen Welten und als Erweiterung der Weltverständigung.

Hier entsteht das Da-schein als das Verständnis zu einem Wissen des Willens des Seins des Da-seins, die die Gründe des Sub-objektes bilden. Es gibt kein Subjekt ohne Objekt, und es gibt kein Objekt ohne Subjekt, und das bedeutet als tiefsinnige Folge, dass jedes Subjekt Objekt ist, und jedes Objekt ist Subjekt.

Diese sind die Bestimmungen des Da-scheins und des Da-seins, als wissenden Mächtigkeiten des Willens jedes Seins, dass ist (als Wissenden). Durch oder in der Dimension ihrer Tieferung als Wissenheit seines Seins entfalten sie sich, indem sie sich weiter ihrer Selbstigkeit oder Selbstheit (intentionale SelbstInexistenzSein) mit ihrem eigenen jeweiligen Sein ergänzen, d. h. wo die Zeichen des Res sapiens weitere geeserte Iche und Subobjekte entwickeln können.

Ausgehend von diesen Prämissen kann man das Da nach einer Entwicklung des Wissens selbst, dass ist, definieren. Die Kategorien, die nun nach dieser Vorstellung von Verständnis des Da entstehen, sind Eigenheit der Zeit und des Raumes, als eine Art, nach dem ich selbst bezeichne, Tieferung, dass deutlich an einem anderen Teil aufgeklärt wird, hier dritter Teil.

Das Da des Dascheins ist also die Verbindung auf die Welt des Daseins und das wird so durch das Wissen des Da. Also das bewusste Da beinhält die Struktur einer Wissenheit der Welt, in der es steht. Das Da wird dann eine Welt des Wissens in Bezug auf das Sein.

Alles entsteht als Selbstbewusstheit eines Wissens und es ist und wir schaffen es wirklich durch das Bewusstsein seines Seins. Daschein y Dasein werden das Da seines inexistenziellen Wissens. Die Seienden sind Da-wissenden als Ethik des Da-scheins und des Da-seins.

Das Da erscheint als Kraft und Wille des Seins des Wissens. Wo Esraum seine Ichzeit findet. Die Gründe der Phänomenologie sind die Tiefenphänomenologie des Wissens, wo das Da sich selbst als Sein und Schein erscheint. Die schon erwähnte Ethik bei Nietzsche ist z. B. das Verhalten des Wissens des Da des Dascheins und des Daseins der Seienden. Jedes Res sapiens beinhält die Umbewusstheit der Tieferung des Nicht-seins.

Also das Daschein ist eine wissende Welt des Da. Welt und Da beziehen sie sich aufeinander als Wissen des Dascheins. Damit entsteht den Bezug der Darstellung des Wissens auf die Welt durch das Dasein. Also Dasein und Daschein stellen nun eine Welt des Wissens als Da dar.

Das Da ist nun Wille der Darstellung des Wissens, und das Dasein und das Daschein sind das Kunstwerk jener Wissenheit des Da. Also das Da ist Wissen einer Welt des Daseins und des Dascheins, d. h. das In-der-Welt-sein des Daseins und des Dascheins beansprüchen eine Welt des Da des Wissens.

Das eine kann oder ist nicht ohne das andere. Sie sind nicht Ursache oder Folge. Sie sind miteinander, Mitfolgen oder Mitursachen. Das Wissen des In-der-Welt-seins verlangt das Dasein und das Daschein des Da. Das Esraum ist ein Körperbewusstsein (0, 0, 0, Tieferung) der Sinnbildung eines Selbstbewusstseins dank der Ichzeit (Zeit). Die Tieferung öffnet eine Brücke zwischen Raum (Esraum), Zeit (Ichzeit) und Selbstbewusstsein einer Inexistenz des Wissens und es erscheint als *Da* des Seins und des Scheines.

Das sind Zeichen des Selbstbildes unseres Bewusstseins eines Wissens, d. h. ein Bildraum der Selbstzeit. Die Intentionalität befindet sich hinter jeder Intention. Sie ist der Wille hinter dem Wissen eines neuen Onjektsverständnisses zu verstehen. Jene ist also zu verstehen, als der Wille hinter jedem Wissen des neuen Begreiffnis des Sein-jektums. Daschein und Dasein werden Da ihres in-existenzierenden Wissens.

Zugrundeliegendes Wissen des Umbewusstseins ist eine wissentliche Tiefenphänomenologie, also die Tieferung des Wissens und des Verhaltens des Unbewusstseins und des Bewusstscheins. Das Tiefenbewusstsein ist also eine reine Art des Wissens der Tiefenphänomenologie des geeserten Ichs.

Die Wissenslogie meiner Philosophie ist eine Verbindung zwischen Naturwissenschaft mit der Geisteswissenschaft, und als Logie des Wissens als Fühlen des Denkens, und als Logie des Phänomens in der Tieferung des Bewusstscheins. Also die Logie ist das Verfahren des Wissens, des Fühlens und des Phänomens, aber nicht als Logik des Bewusstseins, sondern als Ich des Phänomens als Esraum einer Ichzeit.

Das Esraum des geeserten Ichs nähert sich zu der Aussage von Ortega y Gasset: Ich bin Ich und meine Zirkustanz (Ergebenheit). Das Werk von Heidegger heisst „Sein und Zeit" und das Dasein ist der Bezug auf einen Raum (Daschein). Es heisst aber nicht Jetztsein oder Hiersein und auch wieder nicht Jetztzeit oder Morgenzeit.

Es bezieht sich auf die räumliche Konstellation eines Da, die immer in Bezug auf das Dort und auf das Hier sich bezieht. Aber der Bezug des Da ist kräftiger, wenn es auf die Konstellation der Zeit sich bezieht. D. h. es ist ein Da des Morgens (Dort) und immernoch Kommendes.

Eine Zukunft, die sich auf das Vergangenes des Hiers des schon Gewesenes ist. Also das Da bezieht sich auf den Raum, aber auch auf eine Vergangenheit der Zukunft, die die Gegenwart des Hiers ist, und des Dorts wird. Es heisst „Sein" des Da und Da der „Zeit". Also das Da, dass auf die Geschichte der Zukunft blickt und die Vergangenheit der Gegenwart eine Zukunft erzählt.

Das Da ist das Daschein des Raumes und der Zeit überhaupt als Tieferung des Augen-blickes an der Zeit eines Raumes. Das Da erscheint als die Wahrheit des Wissens der Zeit des Seins. Das Da des Seins und der Zeit entsprechen ein Daschein und eine Jetztzeit, die aber ein kreisender Kreis des Wissens des Phänomens ausüben, und bestätigen.

Die Raum- und Zeitkonstellation des Werkes „Sein und Zeit" von Heidegger sind zwei tieflichen Kategorien, die aber in jedem Bewusstschein und Phänomen stecken. Und das „Da" ist der Bezug auf sie beide. Also das Da ist das Wissen der Raumes und der Zeit. Wie? Als Esraum [Hier, Dort, Da als räumliche zeitliche Verbindung, später oder nachher wird sich zeigen wie diese Kategorien sich weiter ausdrücken können als Breite-Höhe-Länge eines Hiers des Jetzt (Gegenwart) eines Dorts des Morgens (Zukunft) eines Da des Gesterns (Vergangenheit), das sich aber kreisend der Zeit und des Raumes wird] der Ichzeit (Vergangenheit-Gegenwart-Zukunft). Das Dasein als eine vergangene Gegenwart für eine zukünftige Vergangenheit.

Die Vergangenheit-Gegenwart-Zukunft sind als die Zeit des Lebens. Die Vergangenheit schafft sich als Gegenwart, wenn die Zukunft nicht mehr ist. Ewiger Kreis der Zeit dank der Zukunft der Vergangenheit als schon Vergehen der Gegenwart. Die Zukunft wird vergehen, als Gegenwart und schon als solches, ist schon Vergangenheit, und wenn sie schon Vergangen ist, ist auch schon vergehen, als eine ewige Zukunft, wenn wir sie als Gegenwart schaffen oder als solches aussortieren. Immer kreisend kreist die Zeit als ewige Wiederkehr der Phänomenheit.

Der Bezug auf den Raum nach Wissenheit des Es gründet die Kategorie des Da-scheins und der Bezug auf die Zeit nach Wissenheit des Ichs gründet die Kategorie des Da-seins. Also das Da ist ein Wissen des Esraumes und der Ichzeit als ein Zeichen des geeserten Ichs. Das Dasein zeicht ein Hier (Jetzt), und zwar, eine Theorie, eine Praxis oder eine Rede des Da. Das Daschein zeicht ein Da, und zwar, eine dynamische Auslegung, z. B. des Bildes, des Erlebnisses oder des Wissens selbst.

Das Daschein ist der Versuch des Wissens eine dynamische Auslegung in der Zeit anzubieten und zu realisieren. Wie? Als Zeichen der Wissenslogie, d. h. als Zeichenbrücke des Seins des Phänomens und als Zeichen der Wissenden die Seienden darzustellen, z. B. als Daseine. Dynamische (nach Peirce) Auslegung des vitalischen Res sapiens (nach Berzal).

Und weil das Esraum und die Ichzeit sind, kann man behaupten, dass die zeitlichen Kategorien (Vergangenheit-Gegenwart-Zukunft) sich in dem Raum ergeben und dass die räumlichen Kategorien (Breite-Länge-Höhe) sich in der Zeit ergeben.

Das Wissen der Wahrnehmung der Ichzeit und des Esraumes beschafft also die Intentionalität, z. B. des Willens. D. h. die Zeit als Vergangenheit-Gegenwart-Zukunft wird Ichzeit als Bewusstsein einer Tieferung. Und der Raum (Länge-Breite-Höhe) wird als Tieferung jener Zeit ein Bewusstsein der Relativität (Bewusstschein), d. h. Ichzeit und Esraum gründen eine Tieferung des Wissensbewusstseins des Subobjektes als Intentionalität der Inexistenz der Phänomene.

Das Zeichen ist auch ein Hologramm des Wissens des geeserten Ichs als Subobjekt: Als Gestalt einer Tieferung, ein Ichbild der Zeit (Vergangenheit-Gegenwart-Zukunft) und des Raumes (Breite-Länge-Höhe) als Mischung jener Kategorien als tiefe Ansicht, als Erscheinung und als Dastellung der Anschau und deren Bildheit, d. h. also sechs Dimensional, oder Vieldimensional, ein weiteres fliessendes Hologramm als lebendige Betrachtung einer holographischen Augen-blickheit des Wissens der Bildheitsmöglichkeit, wo Zeit und Raum keine Kategorien der Vernunft sind, sondern eine Augen-blicklichkeit und als eine tiefe dynamische Dimension der Wirklichkeit sich anschauen lassen.

Platon ist das beste Beispiel dafür. Wie? ist eine Frage seiner geladenen Zeit. Vergangenheit-Gegenwart-Zukunft und Breite-Länge-Höhe oder Hier-Dort-Da als Anwesenheit in einem vergehenden Raum. Es ist die Geschichte seiner Dialogen und seines Denkens, d. h. seiner Wissenheit oder seines Res sapiens.

Das Zeichen seines Res sapiens ist das am Nähsten der Holographie des Bildes seiner Wissenheit. Also die vielen Interpretationen der Platonischen Dialogen beansprüchen, dass sie ein Hologramm des Wissens bilden, die nur Zeichen einer Gegenwart, eines Jetzts und eines Hiers in einem zukünftigen Raum verstanden sind, obwohl er schon Vergangenheit ist. Kein anderer Philosoph wird oder ist dermassen interpretiert worden, weil er der Anfang des Sichtes jenes philosophischen Hologramms des Wissens gewesen ist.

2. Zweiter Teil: Die Auslegung des Da, wie wir es in dem vorigen Vortrag und als „das unsehbare Wort" der verborgenen Sprache gesehen haben, als Dawissende intentionale InexistenzSein.

Ich muss erstlich besagen, dass, was die deutsche Verständigung angeht, und des Verstehens selbst ist, und diese deutsche Ausdrucksform der Sprache und des deutschen philosophischen Denkens selbst, verliert an der Übersetzung, die auch man sie verliert, wenn man an einer anderen jeweiligen Sprache ausdenkt, und es tut, dass die Auslegung an der Erkennung der eigenen Wahrheit verliere.

Gut also, Dawissende intentionale InexistenzSein enthält klaren Aussagen des Brentanoschen Sprache, der Berzalischen Sprache, der Kantischen Sprache und der Heideggerischen Sprache. Doch sie werden deutlich anders verwendet und anders artikuliert, angedeutet und meistens erweiternd, deswegen erscheint ihre Andeutigkeit von schwerer Bedeutungssinnlichkeit zu ergreifen.

Da ist zum Beispiel ein Adverb, das vielmehr auszeigt als ein hier oder ein dort. Es ist aber ein sehr entwickelndes Adverb der Norm und der Realisierung eines Verben oder eines Substantiven. Es zeicht eine Form des Raumes in der Zeit der Wissenheit. Also das Dawissen ergreift sich als Wann und Wo einer Ursache, die aber nicht ist, d. h. es geht um ein teilweise Parmenideischen Sein und Nicht-sein (Schrödinger???) und was das Feuer Heraklits des Lebens selbst ist.

Es ist was es nicht ist, d. h. was es war oder was es wird, oder was es ist, nicht mehr ist oder schon gewesen ist. Das Sein ist, was die Ichzeit und das Esraum des Wissens, Dasein und Da-schein sich vorstellt und will. Die Interpretation des Philosophierens besteht darauf. Ich wiederhole es „*Des Philosophierens*". Also das Dawissende ist, und auch ein Wie ist das Philosophieren und die Philosophie überhaupt, und es sucht das Warum wie wir erkennen können.

Es ist ein Schritt weiter in der Kommunikation mit dem Sein und mit den Seienden. Hier erscheinen die Wissenden als lebenswichtige der Welt und damit des Da. Die Wissenden sind die innere Sprache der Kommunikation mit den Seienden unter sich und mit den Anderen. Also das Dawissende deutet kein Adverb mehr, aber auch keinen Begriff als solches, sondern eine Konzeptualisierung, ich meine, eine Begrifffähigkeit, d. h. ein Adjektiv, das aber eine Norm oder ein Gesetz der Zeit und des Raumes nachsucht.

Ich meine, Nomoi des Wissens, in dem es sich Gesetz eines Da beinhält. Das Da des Raumes und der Zeit ist wissender Beinhalt aller Seienden, als ein Werden des Selbstwerdens. Also Wie ist das Sein hatte Heidegger schon nachgefragt. Die berechtigte Nachfrage lautet nun „*Warum ist das Sein selbst?*".

Nach Kant sind das Sein oder die Seienden zu erkennen oder erkennen zu können, weil das Dasein diese beiden Erkennensmöglichkeiten beherrscht und besitzt, und sie die Fähigkeiten eines Raumes und einer Zeit es ermöglichen. Also wir besitzen, was das Erkennen beschafft. Dieses ist nun ein Da, das sich zur Wissensstruktur entwickelt oder sich als Erkennensfähigkeit sich entfalten kann. Diese Fähigkeit ist meine Meinung nach, die Möglichkeit eines gut von Heidegger gesehenen Da-seins.

Zwischen dem Da und dem Sein existiert aber eine ganze Welt von Möglichkeiten und Variabeln sich selbst zu entfalten.

Daher ist das Da eine Selbstzeit und ein Selbstraum. Und wie werden sie sich ergeben? Hier erscheinen z. B. die Variabeln oder die Nomoi der Ichzeit und des Esraumes.

Das Dawissende ist nun eine Suche nach dem Gesetzen selbst des Raumes und der Zeit von Kant, aber nicht als Erkennen der Fähigkeit des Da-seins, um die Seienden zu erkennen, das Wie zu erkennen, sondern als Fähigkeit von sich selbst Warum sie selbst sich erkennen können?.

Zwischen diesen beiden Welten des Da und des Seins liegt nun eine Wissenheit zugrunde. Wir haben hier die Struktur der Zeit und des Raumes nach Ichzeit und nach Esraum, die darauf bestehen, warum jedes Seiende die Möglichkeit selbst zu sein hat, und zwar, als Wissenden.

Also zwischen Da und Sein hat nun das Wissende erschienen, weil die Zeit und der Raum des Erkennens des Seins, ein Selbsterkennen der Ichzeit und des Esraumes des Wissens selbstauslegt. Das Da ist nun eine Suche nach dem Selbst des Raumes und der Zeit, die zwischen Sein und Nicht-sein eine grösse Aktion zwischen Welten ausübt. Das Da ist das Nicht-sein, das fragt, das sucht und aussortiert, als Welt eines Wissens der Zeit und als Wahrheit einer Vernunft, die ihr Sein interpretiert.

Das Da ist also wissende Weltmöglichkeit. Das Da wird nun ein Erkennen des Seins und damit Dawissende Sein. Also wie man erkennt und auch warum man erkennen kann. Dies führt zum gnothi seauton der Welt, also das Selbstwissen zeicht die Dawissenden der Welt, bzw. der Seienden und daher des Seins. Das Erkenne dich selbst!!! des Daseins ist eine Folge des Erkenne dich selbst!!! des Dascheins und das Da ist was sie beide zusammenhält und auslegen kann.

Zurückgehend an unsere Argumentation über die Auslegung über das Dawissende, erscheint nun das Argument, das sich an Brentano stützt. Das Dawissende intentionale InexistenzSein. Also das Dawissende bestützt sich auf das, was dieses bedeutet und dieses ist auch auf die intentionale Inexistenz, also hier sind Kant und dann Brentano zu erkennen.

Der eine Fragt wie erkennen wir, und die Zeit und der Raum sind nun in dem Dawissendes identifiziert, aber nicht des Wie, sondern des Warums im Zeit und Raum, und dann kommt die intentionale Inexistenz. Also alles hat eine Intentionalität, die in dem Dawissendes inexistiert. Und es ist ein Selbstüberleben. Wie und Warum überleben wir als seiende Intentionalität der Inexistenz?

Hier hat endlich nun Heidegger erschienen, die Seienden sind ein Beweis, dass wir überleben können. Das Sein hat sich nach Heidegger, Nietzsche, Husserl, Dilthey, usw. nah von dem Leben ausgedeckt, aber Berzal fragt sich Warum hat sich diese Bewegung ergeben können oder einfach ergeben. Hier erscheint Berzal und die Wissenden. Das Da-sein von Heidegger beinhält ein Wissendes, dass eine intentionale Inexistenz umgreift.

Meine Philosophie versucht den physischen Standpunkt von Heideggerschen Seienden durch ein Dasicht aufzuklären. Warum?, weil sie Wissenden sind.

- Wir haben Kant, als Raum und Zeit des Da.

- Wir haben die intentionale Inexistenz von Brentano, als Wissenheit des Seins.

- Wir haben Heidegger, als die Welt des Da wie das Sein der Seienden.

- Wir haben endlich weiter Berzal und die Wissenden

  o Als Esraum und Ichzeit, nach Kant (auch Teilweise Adorno).
  o Als Dawissende intentionale InexistenzSein, nach Brentano,
  o Als Wissenden des Seienden, nach Heidegger,
  o Und sie bilden durch Berzal den Geburt der ersten Wissenschaft, nach Aristoteles und Nietzsche.

- Mein Bezug auf Heidegger ist aus Nietzschescher Stammung und seiner „Umwertung aller Werte" gewesen. Der Bezug aus Husserl hat sich aber als ihre Werdung auf das Cogitans des Cogitatums (Subjekt-Objekt) der Wissenden als eine Cartesianischen Meditation der Seienden, die als eine Zeichenwelt sich Da stellt.

Und endlich beenden wir mit dem, womit wir angefangen haben:

Das Dawissende intentionales InexistenzSein und soweit der neue Begriff des Dawissenden und das Wissen als In-jektum des Da und der intentionalen In-existenz und des Seins. Eine neue Berzalische Darstellung des Raumes und der Zeit der In-existenz des Daseins. Ich bin ein letztes Gedanke, d. i. der Anfang eines neuen Wissens. Wir gehen weiter fort.

3   Dritter Teil: Und die Tieferung des Da. Als eine Da-
tieferung, die ausfliesst, als unterschiedliche Kategorien,
Sichte und Überlegungen des Res sapiens als Stand und
Fähigkeit des Da-sein selbst, das heisst, des Seins, das es
in der Welt des Wissens ist.

Ich werde fortfahren, in dem ich aus jenem Standpunkt
behaupte, dass es eine Quelle von Erkenntnissen des Da ist und
als eine Auslegung von dem, was man früher als Vorstellung
von Schopenhauer gennant wurde, auf einem physikalischen
Kontext einzustellen, aber mit einem philosophischen
Hintergrund, das heisst, ich werde mich auf dem basieren,
was die moderne Physik als Stringtheorie genannt hat, das
ist, die Vorstellung des Da entsteht aus den Verbindungen, die
sind, meiner Meinung nach, Strings eines Res sapiens, das
jedes Atom voreinnimmt, um, so wie man in der Welt des
Universums ist, zu sein, in dem man anwesend (räumlich) ist
und in dem man zeitlich ist.

Die Stringtheorie versammelt das kleistere Seiendes und
seine kategoriale Eigenschaft, aber das physikalisch gross
und sichtbares nährt sich an dem normalen Auge, um etwas
sehebares möglich zu betrachten, als ein Keim von Weizen
oder ein Glaswasser. In diesem wird man, dankt den kleineren
Ansichten, eine grosse Sichte entstehen, und damit gründet
sich jeder Stand des Da als Sicht seiner inneren Vorstellung
in der Welt, in der es einen Anblick erscheint, der das Da ist,
weil Wille und Vorstellung ein Wissen begründen, aus dem
sie nicht möglich sind, nicht etwailiches selbst zu sehen, aber
doch sich selbst zu sehen, sich wahrzunehmen (oder dass man
perzipiert).

Das Da ermöglicht dann eine Wahrnehmung, einen Wille, eine Ansicht, ein Bild, eine Darstellung, eine Vorstellung oder ein Proton, ein Neutrin oder ein Electron, zusammen, ein Res sapiens von dem, was in der Welt existiert. Wie wir gesehen haben, das Sein ist Dawissende intentionale InexistenzSein. Man ist als ein Sein als Existenz eines Wissens des Da. Wille und Vorstellung sind also Folgen, nicht Urgründe, obwohl ihr Da Grund ist, der nachhinein weiterer Nachfolgen auszutreibt und deswegen sind sie Dawissende intentionale InexistenzSein.

Hier sieht man das Kontinuum vorher erwähnt des Res sapiens. Arche und Logos (Archeologie des Wissens) sind also Symbolen eines Res sapiens als Da des Seins.

Alle unser wissendes Handeln reflektiert sich in einem Objekt, z. B. wir wissen Fahren, wir wissen Kaffe kochen, wir wissen Schwimmen, weil diese Objekte eine subjektive Erscheinung veranlagen, nicht der Subjekte selbst, sondern auch ihres Selbstsubjektivität, und zwar, Selbstobjektivität, d. h. sie verwenden sich selbst in einem Universum des Wissens, als Sub-objekte.

D. h. das Selbstwissen (Erkenne dich selbst!!!) bedeutet für die Phänomene eine Art Verwendbarkeit, was sie als Tieferung ihrer Selbstwissenheit zeicht. Aber nicht nur als mechanisches Objekt wie ein Auto, sondern als Tieferung seiner Selbstwissenheit, d. h. z. B. ein Auto braucht gefahren zu werden zu wissen, aber auch in jedem Universumsmöglichkeit wissen zu erfahren, z. B. wie es reagiert beim Regen, oder wie beim tausenden Wissensartigkeiten selbst zu sein.

Daher ist nicht nur das Auto zu fahren zu wissen wichtig, sondern die Fähigkeit sein Sein selbst zu gründen. Platon nannte dieses Idee. Aber sie sind hier wieder zur Erde zurück gekehrt und als Wissen der Phänomenologie des geeserten Ichs als Subobjekt ergriffen. Niemand sitzt auf einen dreibeinigen Stühl oder am halbgekippten Tisch. Oder spielt kein unordentliches unharmonisches Lied. Warum? Ist die Frage. Es verliert den Wert der Selbstobjektivität. Oder ein Löwe jagt nicht, wenn er Durchfall hat, oder am Niagarafällen.

Oder es ist kalt bei Vulkanseröffnung, usw. usf. Daher die Aussage „Man ist wissend". Und dieses Wissen und dieses Sein sind Beweise des Res sapiens der Hologrammstieferung der Stringtheorie der Phänomene. Daher die Tiefenphänomenologie. Wir haben gerade aus einem Kaffe und aus dem einem Kaffe zu kochen zu können, die Theorie des Hologramms der Stringtheorie einen praktischen Gebrauch der Tieferung der Tiefenphänomenologie geschafft.

Das wissend zu sein, ist für die Wissenden und für die Seienden von sehr wichtiger Seinheit zu erkennen. Also das Injektum des Seins ist das Wissen der Seienden als Wissenden. Das Res sapiens der Tiefenphänomenologie, als Wissenden, ist nun ein Zeichen des Da der Stringpraxis des Hologramms. Die Verwirklichung der Zeit ist die Ichzeit der Länge, der Höhe und der Breite, und Verwirklichung des Raumes ist das Esraum der Vergangenheit, der Gegenwart und der Zukunft.

Sie sind die Verbindung der Tieferung der Zeichen zwischen Höhe-Länge-Breite und Zeit, und Vergangenheit-Gegenwart-Zukunft, und Raum. Die Ichzeit und das Esraum sind Zeichen der Tieferung des Res sapiens, wo die Zeit und der Raum eine Realität bilden. Hier haben wir das elf oder neundimensionale Multivers, aber der Realität, die man vielleicht nicht ansieht oder ansehen kann, aber die man perzipiert und die man zur inneren Welt geschafft werden kann.

Das symbolische Zeichen ist eine fliessende Dimension, sogar vieldimensional des Ichbildes als viel Blicklichkeit des Hologramms als Wissen des geeserten Ichs als Esraum (fliessende Laufform) und Ichzeit (lebendige Flusszeit). Das Zeichen ist nun das Wissen der weiteren Zeit- und Raumdimensionen.

Das wird der Versuch eine innere Tieferung zum Begreiffnis zu bringen, d. h. den physischen Multivers ein Gestalt für das innere Multivers anzubieten. Die Tieferung ist ein Zeichen des Multivers des Res sapiens überhaupt, wo ihr Esraum und ihre Ichzeit und so die weiteren Kategorien, eine Realität gründen. Was hier gemacht wird, ist dem Problem des Willens und der Vorstellung eine Lösung zu bereiten.

Es ist gerade wegen dieses Res sapiens, warum der Wille und die Vorstellung als solches erkannt werden würden. Das Esraum zeicht eine Zuständigkeit oder Standfähigkeit von einer Ichzeitsveränderung, daher das Dureé von Bergson, also man weiss oder man glaubt zu wissen, dass die Dureé verewigt wird oder dass sie sich wiederholt oder wiederholen kann, was Platon schon zeigt und als Unmögliches oder als Verfahrensschwierigkeit der Lebenszeit sei.

Man wartet, eine Wiederholung des gewesen Phänomens (Nacht, oder Kinoabend, usw.). Es wird aber *Nie* wie die erste Erlebenszeit mit der jeweiligen Person, oder Konzert, oder Fussballspiel, oder wie die ersten Jahren des träumenden Mädchens, usw. sein. Dies ist ein Grundsatz des Lebens, daher das Carpe diem, dass aber seinen Bezug auf das Esraum nicht verliert, d. h. es kommt die Zeit, wo die Dureé ihr Esraum (Welt oder Univers ihrer Ichheit) bewusst und verlangt wird.

Es entstehe, was Sartre als Angst mit dem Anderen zu sein nennen würde. D. h. uns anzusehen, als das Seiende, das sich selbst mit dem anderen (der-die- Da des Das) durch die Lüge oder durch die Wahrheit zu sein aufhört. Deswegen heiraten wir oder haben wir Kinder oder glauben wir, dass, wenn wir nochmal heiraten, die Kinder es, wie ein neues Erlebnis, genommen und erfahren werden.

Es ist ein Kontinuum des Res sapiens. Noch ein Beispiel über die oben erwähnten Standfähigkeit des Esraumes und über die Ichzeit: Der Körper ist ein Zeichen unserer Standfähigkeit und das Wort ist z. B. ein Zeichen der Selbststandfähigkeit (Selbstobjekt???) und der Veränderung unserer Ichzeit. Und daher der Körper als Bezug und Kommunikation zur Welt.

Die Abhängigkeit oder Unabhängigkeit, als Standfähigkeit oder als Zuständigkeit, oder die Selbststandsfähigkeit und als Veränderung der Dureé des Esraumes und der Ichzeit, wird als schnelltes Vergehen oder langsames Vergehen, jenachdem den Bezug auf jene Zuständigkeit oder Standfähigkeit, oder Veränderung des Esraumes und der Ichzeit.

Das Zeichen und die anderen Dimensionen gründen die Welt, wo es eine Wissenheit verübt wird und ein Phänomen und eine Dastellung, eine Idee der Materie und eine Erscheinung des Denkens des Res sapiens selbst ein Gestalt bildet, d. h. ein Zeichen in sich ausdrückt und ausspricht.

Das ist der Grund der Wissenslogie und der Logiesophie. Der Traum der Logiesophie ist der Weg des Wissens in der Zeit ihres Wollens und ihres Seins als Scheinlogie als Sophielogie zu erscheinen. Was die Philosophie gemacht hat, ist eine Perspektive der Wahrheit des Wissens (nicht des Seins selbst wie Heidegger behauptet) auszulegen versucht, und damit ein Teil des Ums und des Es des Zeichenseins des Lebens wissend mitgeteilt, aber nicht in die Tieferung der Wissenslogie eingedrungen, daher denkt die Wissenschaft nicht, wie Heidegger sagte, und denkfühlt die Wissenslogie zuviel, wie Berzal behauptet.

Die Wissenschaft und die Philosophie haben teilweise eine Perspektive des Seins nach dem Wissen entdeckt, aber sie haben die Frage nach dem Sein selbst vergessen (Heidegger), weil sie, was das tiefe Wissen selbst ist, vergessen haben, bzw. niemals Zustande gebracht haben (Berzal).

Es assoziert, es repräsentiert, es lebt, es fliesst auch etwas. Es weltet und es ist Information, es ist Weltperspektive und es ist Weltwissen. Es ist Res sapiens einer Weltheit. „Die Welt, weltet", weil sie ein wissendes Zeichen ist. Sie ist Res sapiens einer Weltperspektive einer Phänomenheit. Das ist ein Grundbestand der Tiefenphänomenologie. Das Res sapiens ist zu dem Phänomen, wie das Zeichen zu dem Wort sein könnte oder zum Begreiffnis, zum Verstehen und zum Erkennen sei.

Die Tieferung des Esraumes und der Ichzeit bildet ein weiteres Wissen des Zeichens und das zeicht eine weitere Dimension der schon gewesenen Dimensionen. Die Tieferung der vorher angewiesenen Dimensionen beschafft, dass jene Dimensionen ein Tiefesbild als Stringpraxis des Hologramms des Zeichens geschafft wird. Und das ist so, weil das Zeichen eine Tieferung des Wissens des fliessenden Lebens ist, ein Bewusstschein des Selbst jedes Phänomens als ein Hologramm oder Einblick seines Bildbewusstseins. Ein Subobjekt oder ein geesertes Ich. Das Daschein zeicht also ein Bildbewusstsein oder Bewusstschein des Selbst des Phänomens.

Und das Res sapiens der geeserten Iche und der Dastellung des Phänomens zeichen ein weiteres Subobjekt. Die Tieferung des Zeichens beweist ein tiefes Bewusstschein und Bewusstsein, z. B. der Philosophie Heideggers, der Physik Einsteins, oder der Genialität von Tales von Mileto, usw. Das Denken des Res sapiens ist das Fühlen der Genialität der Phänomenologie und die der Transepisteme der Tiefenphänomenologie.

Die Definition des eben Erwähnten ist, was es begreiffbar meines Verständnisses des Da beschafft und der bisher gestellten und vorzustellenden philosophischen Vörträge.

Vielen Dank

Das zeichende Res sapiens.[44]

Guten Tag meine Damen und Herren, lieber Mithörer und Philosopher, Interessierten und Nachfragenden. In diesem Vortrag werde Ich versuchen, eine kleine detaillierterer und phänomenologischerer Zusammenfassung schaffen, von dem, was ich bis jetzt vorgetragen habe und dargestellt habe, um eine praktische Gültigkeit für meine Theorie zu erteilen, damit es so möglich sei, ihre Wertung von dieser Darstellung eine Erkenntnis zu begründen.

Ich erinnere Ihnen über „das ungesehene Wort" und „das Dasein/das Daschein und einen Blick auf das Da", wurde schon referiert und ein Wissen des Nicht-seins entfaltet. Hiermit wird der Versuch jene auf das Zeichen und das „semiotische-semiontische Res sapiens" weiter übertragen und hinbewiesen. Und damit ein Nicht-sein erwiesen, dass mehr sagt als bisher gedacht. Fangen wir jetzt an.

Das Res sapiens des Nicht-seins sollte man sich als das Zeichen überhaupt interpretieren, was es sehr wichtig erscheint, für „das ungesehene Wort" bis „die Vorstellung des Da" z. B. wie die Begriffe und ihre Verständigung der „Umwertung" von Nietzsche oder des „Daseins" von Heidegger.

---

44 **Vortrag an der Universität Baskenlandes geführt (U.P.V.), SS 2020.**

Das Res sapiens bezweckt vor allem das Nicht-sein der „inneren Welt, der „sinnlichen Welt" oder der „gedachten Welt", oder der „aussprechenden Welt" oder der „künstlichen Welt" (als Werk), usw. Das Wissen ist also die Verbindung zum „räumlichen Es" und zum „zeitlichen Ich". Das ist in Bezug auf das Dasein und auf das Daschein.

Wie können wir das Nicht-sein, das sich versteckt und verbirgt, reden hören und begreiffen und identifizieren, und damit verstehen, wie sie als bewusstes Zeichen funktionieren. Man sagt, obwohl man nicht sagen möchte, man hört, obgleich man nicht zuhören möchte, man spricht mehr aus, als man mitteilen möchte, oder von dessen, was die Wörter bedeuten.

Das Zu-denken-hören des Nicht-seins ist immer anwesend, obwohl oder gerade deswegen, weil es bewusstlich oder unbewusstlich nicht sei. Die Ratio der Wahrheit der In-existenz ist ein Wort, das nicht will, aber das in der Zeit seines Raumes zu sein weiss, das erlebend seines Nicht-seins wird.

Das Nicht-sein nimmt wahr und experimentiert die nicht Wahrheiten des Seins und eine künstliche Ratio seines (des Nicht-seins) Erkennens, manchmal, als weinen, manchmal als Lächeln, manchmal als Angst (wie die von Heideggersphilosophie), oder als Taumazein des Seins, ohne dass man es weiss, weder bewusst noch unbewusst, d. h. der fragende Geist, hat eine poietische Werkheit seines Seins dank dem Wille des Wissens seines Nicht-seins.

Dieser Vortrag und meine Suche konzentrieren sich mehr auf das Warum das so sei?, und auf das Warum die Wissenschaft die Öffnung (Entschluss) nicht nur die logische, sondern auch der logien der Sprachen (eher der Ausdrückenden) braucht, die sich selbst nachforschen, um zu betrachten, dass ihre

Wahrheiten andere Wahrheiten beinhalten, äusser von dem, was sie mitteilen, die nicht rationelle sind, weder irrationelle, sie sind Wahrheiten eines Nicht-seins, die nichts mit denen Wahrheiten des Seins zu tun haben, die wir eben täglich verwenden.

Das Da-schein ist erstens eine scheinende Perspektive des Seins und des Nicht-seins, die einen schwierigen Versuch der Überwindung schaffen, oder besser gesagt, der Einverständigung mit, des seienden Seins. Das heisst, dieser verborgene Teil des Seins, den wir wahrnehmen, verlässt Nicht-sein zu sein, um wahrnehmender zu sein, nicht bewusst oder unbewusst, sondern „zugehörte", „zu-denk-hörte".

Das Wissen zu sehen, das man nicht sieht, das Nicht-sein, das über die Wahrheit ihrer Welt ausspricht, als ein Wissen einer Perspektive, eine Wahrheit ihres Wissens in der Zeit, eine Wahrheit, die ein Wissen erlebt, und als solches leidet und wiederlebt, eine Wahrheit eines Wissens als ewige Wiederkehr. Das Wissen ist also eine Wahrheit der Zeit.

Meine Meinung ist, wir können die Kommunikation zwischen Sein und Nicht-sein zu verstehen schaffen, durch das Wissen des Seins und des Nicht-seins. Z. B. mit den ausgedachten Fünf vorgezeigten Unterrichsbeispielen über die phänomenologische Herkunft unserer Alltagssprache:

1. Sprache, die ein Zeichen ergibt, das eine Wahrheit täuscht, welche aus Zeichenverständnis sich missverstehend schafft (z. B. Politik), weder die Zeichenwelt als ein Zeichen, das eine Wahrheit enthält, und somit eine Sprache gründen könnte (z. B. Philosophie, Kunst, ...),
2. Z. B. Wortordnung eines Satzes, eines Buches, eines Referats, usw.

3. Das Ende des Wortes:
    a. Altgriechisch,
    b. Latein,
    c. Landsprache,
    d. Umgangsprache,
    e. Selbstsprache (Kunst???)
    f. usw...

Sie alle richten sich auf das Wesen und Injektum ihrer Selbstheit, und zwar, als Zeichen, d. h. Anfang und Ende jeder Sprachheit. Aus dem Zeichen, wieder zum Zeichen zu werden. Eine Vergangenheit, die Zukunt ist, aber immer Gegenwart wird.

4. Tätigkeitsverlauf des Tages,
5. Schema des Res sapiens des Nicht-seins auf dem noch nicht publizierten Werk „Die verborgene Frage: Das Injektums des Wissens".

Sie sind Zeichen, aber des Nicht-seins, nicht Bewusstes oder unbewusstes Zeichen. Psychologische und anthropologische sind Zeichen des Seins, irgendwie bewusst oder unbewusst.

Was ich zu erreichen versuche, ist die Vernunft des Bewusstseins und des Unbewusstseins zu verstehen, als das Sein selbst, das zwischen jenen Rationen mit dem Nich-sein mitexistiert.

Ich möchte die Verbindung des Seins mit dem Nicht-sein zu verstehen, durch das Wissen und das Res sapiens. Sie sind das Res sapiens persönlich und die Toren des Wissens, d. h. Selbstwissen gebildet und zugehört. Sie alle sagen, wie die künstliche Werken der Perspektiven des Wissens ein Sein des Nich-seins gefunden haben.

Das Nicht-sein ist für sie ein Wissen geworden, es hat ein Wissen ausgesprochen und das Haus des Seins wieder gefunden. Das Wort des Seins entwickelt sich als ein zugrundeliegendes Unwort des Wissens. Es handelt sich um eine Res sapiens des Phänomens, das heisst, um eine Tiefenphänomenologie, die das Sprechen der Natur mit sich selbst beinhält. Dies Unwort und dies Wissen sind nun der Grund unter deren die Phänomenologie sich erweist.

Das ist, so erscheint die Tiefenphänomenologie des Wesens des Seins, um die Möglichkeit des Nicht-seins zu erhellen. Erstens, erscheint dieses Un-wort, als Nicht-sein, und zweitens, als Nicht-weg des Wissens, bzw. als Nicht-wissen. So erscheint das Wissen der Tiefenphänomenologie, das heisst, den Nicht-weg der Natur sich selbst auszudrücken, um die Welt eine Selbstheit zu beweisen. Als Um-selbst, bzw. Umwertung und Verallgemeinertes seiner Eigenheit.

Parménides sah dieses Nicht-sein, indem es nicht war und in der Welt der Negation des Seins selbst oder in der Welt einer dialektischen Negation, die Adorno auch im Betrach gezogen hat. Das Sein und das Nicht-sein sind, meiner Auslegung nach, was es nicht weiss.

Aber nicht oder nicht nur der Ontologie, sondern der Tiefenphämomenologie selbst, als Ausdruck und Beweise des Seins und des Nicht-seins. Das Wissen ist also das Un-wort und Kommunikation zwischen Sein und Nicht-sein, die die Tiefenphänomenologie bezeichnen und auslegen lassen.

Das, was man Unterspricht in jedem Gespräch, philosophisch oder physisch, dichterisch oder sogar logisch, spricht ein Un-wort des Wissens der Tiefenphänomenologie aus, damit das Injektum des Seins und des Nicht-seins ein Wissen entwickeln, das ihre Selbstauslegung beherrschen lassen und damit eine Untersprache des Seins und des Nicht-seins erscheine, damit sie durch das Wissen miteinander kommunizieren und kommunizieren können.

Die Sprache der Welt des Seins und des Nicht-seins ist ein Un-wort, das durch das Wissen sich enfaltet, um die Tiefenphänomelogie, z. B. als Umwertung oder als Unwort erscheine. Die Umwertung ist eine Tiefenphänomenologie des Seins, damit das Nicht-sein erscheine und im Grunde genommen, ein neues Wissen zur Sprache käme.

Sie ist aber ein Un-wort, das sagt und spricht, und aus dem Wert ein neues Empfinden und Denken beschafft, von dessen, was man weiss oder nicht gewusst wurde, damit die Welt eines Nicht-seins eine Zukunft des Nicht-wissens anbetrachtete. Wie? Indem der Wert ein neues Wissen des Nicht-seins relativiert.

Der Nicht-weg des Wissens kommuniziert dem Sein ein Nicht-sein. Es handelt sich um eine Beschreibung, wie jenes Verfahren auszusehen ist oder sein kann. Kurz gesagt, ist philosophisch ein Beitrag auf die Definition des damaligen Parmenideischen Spruchs einen Sinn des Ontos und der Phänomenologie mit der Ontologie herauszufinden.

Dies ist die Tiefenphänomenologie des Wissens und was auch als Ontolontik zu bezeichnen und auszulegen sein kann. Es geht mir aber um die Tiefenphänomenologie des Nicht-seins, natürlich auch des Seins, aber um dessen Begründung als Sein des Nicht-seins und als Nicht-sein des Seins.

Daher der Gebrauch der relativen Anthropologie und der Tiefenpsychologie. Beide ergreiffen das Sein und sie sind ein Zeichen zur Tiefenphänomenologie des Nicht-seins, aber unvollständig, daher z. B. die hermeneutische Dialektik des Res sapiens der Metafühltik.

Man nimmt immer die Wahrheit eines Wissens des Nicht-seins wahr, manchmal bewusst, machmal unbewusst, aber immer eines Nicht-seins, das das Leben zuhört, wie es lebe. Ich erinnere nun wieder an die weisen Wörter des Spruches eines Parménides:

„Das seiende Sein ist, was es ist,

das Nicht-sein ist, was es nicht ist.

Ich addiere nun:

Das Wissen ist, was das Nicht-sein liest, denkzuhört und anseht, was es nicht ist.

Das Nicht-sein ist nun Frage, Suche, Schweige, und Beobachte, Zuhöre, Zweifele und Unbeschliesse, Selektio und Aussortiere, Antworte, Übezeuge und Vollziehe, Warne und Wille, als Taumazein eines Wissens der Zeit, als negierende Umwertung einer Perspektive und Wahrheit einer Vernunft, die ihr Sein interpretiert.

Die Methode des Res sapiens des Nicht-seins ist ein negatives On der dialektischen Episteme. Es ist eine Dialektika Epistemika des Semiontos und semiotik (Semiontik), damit die Ontologie von der Ontik bewiesen wird und die Ontik als Ontolontik begründet sei, das heisst, wie es sich eine Ontologie des Phänomens gründet, und auch die eigene Phänomenologie.

Das Semios des Ons ist ein Wissen des Ontos, wo ihre Logie eine Episteme der Zeit ist und als epistemon Dialektikos sich bekündet. Es ist das Phänomen, was die Theorien begründet, sowohl der Wissenschaften und der Künste, als das Wissen der existenzialen Wahrheit.

Es handelt sich um eine „semiotische-semiontische negative Episteme", was wir in jenen Vorträge erwiesen haben und als Handlung des Seins sich bestätigt. Wie? Als semiotisches-semiontisches Nicht-sein der Dialektika Epistemika und semiotische-semiontische negative Episteme.

Es handelt sich um eine semiotische-semiontische negative Transepisteme, worauf wir uns in jenen Werken „des ungesehenen Wortes" und „des Blickes auf das Da" bezogen haben, und man es bestätigt, wie das Schaffen und das Handeln des eigenen Seins handele, nicht nur von dem, was das Sein tut, sondern wie das Sein mit sich selbst es tut. Wie?

Als semiotische-semiontisches Nicht-sein der Dialektika Epistemika und der semiotischen-semiontischen negativen Episteme. Die semio(n)tische Episteme wertet die negative Dialektik des Seins um. Diese Methode bezeichne ich als „Das semio(n)tische Res sapiens".

Die Res sapiens ist die Physis und das Injektum des Nicht-seins und des Seins. Wie? Die Episteme ist die Entfaltung jener Physis und des Res sapiens. Und das Wissen ist, was der Physis des Res sapiens phänomenologisiert. Wie wird das semiotische Res sapiens sich ergeben?

Z. B. aus dem Zeichen hat sich, meiner Meinung nach, die Sprache ergeben, und aus jenem Zeichen hat sich eine Wahrheit ergründet, die an die Sprache übertragbar erschien. Diese Zeichen sind Sprache, weil sie eine Wahrheit beinhalten. D.

h. sie sind also eine intentionale Inexistenz des Res des Nicht-seins. Auf jedem Zeichen besteht die Wahrheit, die durch das semio(n)tische Res sapiens des Nicht-seins ausgedrückt wird.

Beispiele dafür finden wir an jedem Sprachspiel, sei es Politik (vor allem hier im Spanien mit den letzten 4 Wählen in weniger Zeit; gehen Sie zum Wählen!!! lautet die Prämisse, anschein bis es den Politiker das Resultat passt. Meiner Meinung nach, sollten die Politiker eine richtige Politik und politisches Programm haben und eine Politik vermenschlichen, nicht nach Geld oder Einträge oder nach militärischen Eroberungsschicksäle, damit die wähler richtig eine Wahl treffen können. Die Wähler werden veranwortlicher, für das, was die Politiker machen, nicht nur wofür oder für wen sie gewählt haben).

Machen wir weiter mit den Beispielen. Oder nach Arbeitswahl eines neuen Chefs, oder nach Wahl der Mitarbeiter oder des Chefs selbst, um den richtigen oder die richtige Arbeiter/in, um ein Abteil des Firmas weiter zu führen, oder nach der Bitte an den Gott des anpassenden Glaubens nach Wissen des Glaubens, also der Gläubiger, die zu wissen glauben, was sein Gott religioniert, und ihr Gott dann ein Nicht-glauben an anderen Religionen prädiziert, oder nach dem Wille nach der richtigen Frau oder Mann zu suchen, oder bei jedem Gespräch mit den Psychiater, oder mit dem Arzt, oder mit der Familie oder mit dem Trainer bei irgendeiner Spielart, oder mit den FreundInnen, usw.

Es erscheint immer einer Wahrheit des Zeichens durch das Res sapiens eines Nicht-sprechen-wollens oder Nicht-beachten-wollens, oder eines-Sprechens-lassens oder eines-nichtzugehört-zu-werden-zu-Wollens, im Grunde genommen, bei jedem Nicht-sein, oder ..., oder ..., oder ..., usf.

Sozial zu sein, im modernen Sinn, besteht darauf und begründet sich darauf, z. B. das meist in Twitter Gesehener/ in; es ist nur ein Beispiel. (Ich beurteile nicht, ich zeige nur hin). Es erscheint immer also im Hintergrund eine Auswahl des Gespräches, oder der Photographien, oder des früher Gezeichnetes, als ein Nicht-sein.

Die Philosophie ist keine Ausnahme, doch die Philosophie nimmt das Wissen der voreingenommenen Perspektive teilweise zugrunde, und ausgehend aus ihr die Zukunft der Philosophie weiter zu schreiben. Die Geschichte der Philosophie ist also bisher die Geschichte des Bewusstseins des Wissens selbst gewesen.

Man bildet sich eine ewige Wiederkehr des Wissens selbst, die einen Anfang hatte, als ein Schloss, der aber niemals sich endet. Die Geschichte der ewigen Wiederkehre der Zeit, der Wissenschaft des Seins und der Inexistenz des Wissens, wird verteilt, durch dem, was ich bezeichne, als die Zeit, die sich als Vergangenheit-Gegenwart-Zukunft in einem Raum teilt, zum Beispiel, die Vergangenheit teilt sich wieder in einem weiteren Raum (Nietzsche nannte es Antiquarische Geschichte???), in einem kritischen Raum und in einem gegenwärtigeren Raum, aktualisiert und dokumentiert, und deswegen zugleich aepisteme, das heisst, der aus der Gegenwart eine Zukunft schafft, die man sich die Vergangenheit abzulehnen und zu ignorieren werden könne, wo die viele Uninformation oder die viele Information, schaffen, dass man den kritischen Raum der Geschichte der eigenen Zeit verliere, so wie jedes weiteren Raumes.

Gut also, diese Räumlichkeiten ergeben sich bei jeder der Vergangenheiten, der Gegewärtigkeiten und der Zukünften, ergebend die ewige Wiederkehre, das ist, in jeder vergangenen

Zeit inexistiert einen zuküntigen Raum, und in jeder zukünftigen Zeit inexistiert einen gegenwärtigen Raum und so in der Ewigkeit.

Sogar der Big-Bang hatte seinen vergangenen Raum, der einen Raum in der Zukunft ergeben wird, und wir sind davon bewusster seiner Umwertung in einem gegenwärtigen Raum und immer bewusster (Globalerwärmung, Düsterzeit, Seebeben, Überflüssen, Bitten an einem Gott oder Christus, an dem man bittet ohne daran zu glauben, erwartend eine Erlösung und Rettung, die es sich einestages nicht ergeben wird, usw. usf.,..

Das Semios des Ons ist ein Wissen des Ontos, wo seine Logie eine Episteme der Zeit ist, damit es sich als gewusste Epistemon Dialektikos werde. Doch das Res sapiens des Nicht-seins ist unergründlich, weil die Zeichen des Res sapiens immer eine andere Wahrheit des Nicht-seins finden, d. h. im Grunde genommen, das Wissen selbst, die Sprachen, die Politik, die Unterrichten, zeichen vielmehr als sie offensichtlicht tuen, doch darüber sind die zeichenden fragenden semio(n)tischen Res sapienden, die sich eine andere Welt vorstellen, d. h. die ein anderes Hologramm blicken und sie eine andere Stringpraxis beschaffen.

So ist die Geschichte der Philosophie und der Wissenschaft, u. v. a. Das Zeichen spricht eine Wahrheit aus, die als Res des Nicht-seins ist. Es ist ein Zoon politikon, aber als onoma poietikon Semiontos. Nehmen wir das Beispiel des Taumazeins, der Aussage von Nietzsche: ist die Sprache ein adäquater Ausdruck die Realität zu erkennen?, oder fragen wir: was ist sozial-sein?

Oder warum entscheidet sich für einige FreundInnen und für andere nicht? Oder der Umwertung des Gnothi seauton.

Das Res sapiens des Nicht-seins ist immer im Spiel, und zwar, als semio(n)tisches Res sapiens. Heutzutage versteht sich das Wort und die Sprache, die ein Zeichen ergeben und eine Wahrheit darstellen.

Meine These ist, dass aus den Zeichen sich die Sprache ergab und dadurch die Sprache durch die Zeichen eine Wahrheit beinhalten, wie es sich vorher erwähnt wurde. Diese Wahrheit ist relativ und gründlich, d. h. das Zeichen lehrt uns, dass die Wahrheit onoma und semios, poiesis und Tieferung beinhält, die aber die Sprache als solches nicht ausdrücken kann.

Oder die zeichende Sprache hinter den Rücken eines psychotischen Patienten oder die ausgedachten Zufällen von den Stiefmüttern. Oder des verlorenen Schuhes einer Prinzessin. Und so tausende Beispiele. Ein Nicht-sein des Wissens führt in eine Res sapiens des Nicht-seins hin. Gut also nun, ausgehend aus jener Sprache, die umsieht und des Wortes, ergibt sich trotzdem eine Res sapiens des Zeichens.

Gut also, aus dieser umsehenden Sprache und Wort, ergibt sich eine Res sapiens des Zeichens aber. Das Zeichen spricht also die Wahrheit des Res sapiens während das Nicht-sein nicht-ist. Das Zeichen beinhält Wahrheiten und Perspektiven, die die Sprache versieht. Nochmal, das Zeichen zeicht nun die Wahrheit des Res sapiens, während das Nicht-sein nicht ist. Das Zeichen beinhält Wahrheiten und Perspektiven, die die Sprache übersieht.

Die Sprachen und die vielen Sprachfähigkeiten der gesprochenen Sprache sind nur die bewusstlichen oder unbewusstlichen Welt. Die Zeichen des symbolischen Zeichens des Res sapiens des Nicht-seins sprechen Welten aus, die viele Wahrheiten anblicken und viele Sprachen bilden.

Kunst-Kunstwerk-Künstler, Wissenschaft und Moral, oder Musik sind Welten, die aber ein Sein verlangen, doch sie alle eine Res sapiens des Nicht-seins verbergen.

Wittgenstein sagte, dass wichtig sei, was man nicht sagt. Hier haben wir warum das so ist. Hinter jeder Sprache und Politik, hinter jeder Aktion und nach jedem menschlichen Gespräch liegt eine Res sapiens des Nicht-seins zugrunde. Es sei beim lieben Nachbarn oder Vermietung oder Einkauf eines Hauses, oder sogar beim Bellen des Hundes.

Oder beim Patienten, die anschein autistisch sind, oder verrückt, oder psychisch krank, oder Genien der Philosophie sind, die sehr selten vorkommen, oder beim Fisch- oder Kerzeneinkauf. Oder Geldabnahme oder Kreditmassnahmen, oder Geldkreditkarten (Visa), und so unsere ganze Lebensweise.

Diese Werke öffnen eine Welt von Universen, die kollidierern, die sich anbetrachten, die sich wollen, aber ihr Nicht-sein nicht zulässt, dass ihr Wissen sich anfasse, sich wahrnehme, sich einnehme, aber niemals sei, bis es wisse, über seine Nicht-existenz, ein Nicht-sein, das Alterität ausfliesse, einer Beständigkeit, die niemals werde, ausser es sieht oder die Teile ihres Seins anfasse.

Diese sind Werke, wo das Sein und das Nicht-sein eine Auseinandersetzung halten, in dem Anderen zu sein, aber nur, dass das Wissen sie niemals zulässt, der Zeit zu gehören, die sie auswenden, um an ihre Wahrheit dranzukommen. Das Zeichen entbirgt die Wahrheit der Sprache, d. h. die Sprache des heutigen „sozialen" Zeichens einer Wahrheit.

Das Zeichen-die Wahrheit—die Sprache ist das Zugrundeliegendes der Sprache—das Zeichen—Die Wahrheit. Jedes Zeichen lässt ein Nicht-sein blicken, damit die Sprache der Wahrheit das Res sapiens jenes Nicht-seins angeblickt werden kann und ein neues Wissen und eine Perspektive entborgen werden kann, und die Welt des Zeichens als Wahrheit erscheine.

Die Welt ist die Welt des Zeichens meines Nicht-seins, nicht nur die Welt meiner Sprache, wie Wittgenstein beauptete. Die Welt meines Nicht-seins ist die Welt meines Wissens und die Welt meines Zeichens spricht das Wissen meines Nicht-seins. Denken—Fühlen—Sprechen—Wissen sind Welten des Seins.

Das Res sapiens des Nicht-seins zeicht jene Welten, damit sie eine Wahrheit beinhalten. Der Glaube an eine Wahrheit der Sprache begründet und beschafft sie selbst nicht. Das Res sapiens der Zeichen ist die Welt des Nicht-seins. Das Res sapiens des Nicht-seins ist die Welt der Zeichen.

Die Welt ist also ein Zeichen des Nicht-seins und eine Perspektive der Wahrheit des Res sapiens. Deswegen behaupte ich, dass die Lüge eine Wahrheit beinhält, die zu einer anderen Wahrheit führt, usw. usf.

In den heutigen Zeiten, man entdeckt ständig neue Erkenntnisse immer öfter und sie lassen als Lügen gelten, was es als eine Wahrheit war, zum Beispiel, die Entdeckung des Wie die Erde sich aufgründete, oder an welcher Zeit sie sich formte, als vorher oder nachher als das bisher Gewusstes, oder ..., oder ....

Also gut, zurückgehend an die Sprache und an das Benehmen, wie die Menschen sich verhalten, und an die Soziabilität, an diese Gruppen, die mehr über sich sagen, wenn sie nicht sagen, woher sie herkommen, weder es zu sagen wagen, wie sie als Personen sind, gehören viele der sozialen

Gruppen von welchen, die besagend den Name glauben, dass sie sich bekannt gegeben haben.

Was diese Gruppen tuen, zu welchen viele gehören und auch sie beurteilen, was sie eine Intentionalität verbergen, die nicht ihre Gedanken und ihre Aktionen bestätigen. Man teilt Urteilen ständig mit, die verborgen sind und eine andere Wahrheit beinhalten. Man ist sozial, man ist hypokrit in dem Theather der Welt, als Tier, oder als Phänomen, oder als fen-hombre, ...

Also gut, dieser Urteilskreis, der mehr über sich sagt, als wenn z. B. nicht besagt wird, woher man auskommt, gehören viele der sozialen Gruppen (urteilenden Gruppen). Diese Gruppen gehören den vielen Gruppen, die ein Urteil als Intentionalität verbergen, die anders ist, als ihre bewussten Gedanken und Aktionen.

Sie teilen Urteilen ständig mit, die eine andere Wahrheit verbergen. Man ist also sozial, und hypokrit in der Welt des Theathers, als Zoon oder als Phänomen. Sozial zu sein, bedeutet ins Theather zu gehen oder selbst Theather zu spielen, Künstler der Beziehungen und sein Sein zu verbergen zu wissen.

Das Sozial zu sein, wird nie ganz. Es ist kein Vorurteil, es ist eine Tatsache. Zoon politikon zu sein, bedeutet sozial zu sein, und sozial zu sein, bedeutet sein zu wissen, in der Gruppe, in der Familie, in den Freundenkreis, etc. Untergang von dem, der nicht sich zu erkennen weiss, das ist, der nicht sich zu sein weiss.

Man erzieht nicht seine/ihre Beziehungen mit ihm/ihr selbst zu sein, schlägt aber seinem/ihrem Kind oder seiner Frau, oder ihrem Mann, usw. Sozial zu sein, bedeutet erziehen und vor allem sich selbst zu erziehen, sich erkennen und Welte anzusehen, sich selbst erleben, wo es kein rationales Recht mehr gibt, aber lebendiges-existentiales Recht, und wo die Wahrheit eine ferne Lüge ist,... Sozial zu sein, bedeutet es mit sich selbst zu sein. Warum fängt alles zu Hause an?

Gut also, Ich sehe eine tiefere Wahrheit aller phänomenalen Seienden, als wissenden Seienden, in der Tat als Wissenden, was einem bezeicht, die Attitude und die Unaufmerksamkeit, die Frechheit und die Güttigkeit der Seienden, als Wissenden. Es ist das Gründlichste, was es gibt, das heisst, eine wissende Inexistenz.

Nun gut, dies zeicht uns, dass das Verborgenes des X-seins, besagt, dass was es man sich an dem Gesagten verbirgt, die Art des Gesagten, die Wörte die man sagt, wann man sie sagt, die man glaubt, dass man ansagt, und weitere Perspektiven und Realitäten des Wissens der Zeit des Phänomens, zählen vielmehr auf, als die Ohren zuzuhören ertragen oder verlangen.

Das Schlimmste oder das Auffälligste von Alles ist es nicht, dass man es etwas mitteilt, sondern warum und was, wie man es sagt und dass man in dieser Mitteilung eine der Ursachen der Festigkeit oder der existenzialen Flüssigkeit sich verbirgt. Wenn man verbirgt, als eine Intentionalität, öffnet sich die Toren einer anderen Wahrheit.

Die ganze Welt belügt. Wir sind kompulsive Lügner. Es ist in der Lüge, wo man die Wahrheit sich befindet. Einige lügen, um zu verkaufen, und andere, um gute Freunde nicht zu verlieren oder um auf sie aufzupassen, etc. Dies ist die Sprache, die eine Wahrheit mitsendet und Zeichen aufmacht.

Es ist reiner Glaube an das Denken einer Sprache, die Zeichen beschafft, um ihre Wahrheit aufzugründen und so die geträumte Soziabilität beizubehalten. Wer mehr Freunde beim

Facebook hat, ist der Geliebsteste und der Sozialste. Das ist die Wahrheit des Zeichens der Sprache, die wir verwenden.

Es ist nicht ganz das Zeichen der Wahrheit der Sprache, so erwünscht von den Philosophen oder von den Wählern(???). Das Kunstsein öffnet die Toren der Philosophie der Zeichen, das das Kunstwerk verbirgt, sei es Musiker oder Haarbartschneider, Komiker oder ausfliessende Wasserquelle. Die Philosophie besteht in jedem Seienden, weil sie Wissenden sind.

Sie zu vernachlässigen und über sie nicht zu wissen, bedeutet sich selbst zu ignorieren, und seine Kunstwerkheit, seine Arbeit, oder seine Lüge zu vernachlässigen. Alles ist Philosophie. Man perzipiere sie, oder man wüsste über sie nicht, oder man ignoriere sie.

Dass man sie verfolgt, dass man sie kaputt macht, dass man dem Wind anredet, besagt mehr aus dem Zeichen der Wahrheit seiner Sprache, das ist, eine Gesellschaftlichkeit des Zeichens ihrer Sprache, die nur diejenigen affektiert, die aus der Lüge ihre Wahrheit beschaffen, eine Soziabilität, die in den verlaufenden Zeiten, weiter christianisches Gesetz, und das der Politik und das der Freundschaft ist.

Wer ist sozial unter diesen chaotischen Wahrheiten???

Frage sich alle Seienden, um über sich selbst zu wissen¡¡¡

Frage sich alle Wissenden, um sich selbst zu sein¡¡¡

So erscheint dann die Ethik des Seins als Wissenschaft oder Kunst, als Musik oder Bild, als die Physik oder die Mathematik, usw. ... und die des Res sapiens des Nicht-seins als Wissen der Transepisteme.

„Meiner Meinung nach ist es gründlicher wie als das natürliche Ich (Wissendes) ist Es (Physis), so wie das Es Ich ist, und der psychologischen Natur wäre das Auge des Ichs (Subjekt) des Es (also Selbstobjekt), wie das Es Ich wäre. Mein Icherkennen zeicht sich das SO (Subobjekt) erweiternd jener Ichbeziehung zum Objekt."[45]

Hier zeicht sich das Wissendes und die zeichende Res sapiens eines Selbstobjektes eines Sub-objektes und eines tiefen Subjektes des Objektes. Also wie das Res, als wissen sich entfalten kann und nun zeichendes wird, damit die Wissenden, wissende Seienden werden und ihren Wille entfalten als Zeichen von sich selbst in der Welt des Anderes, bzw. Subobjekt sind, damit jene Wissenden als Res sapiens einer semio(n)tischen Res sapiens weiter wären.

Das zeichende Res sapiens ist also das Zeichen in sich der Phänomene und aller Seienden. Das Zeichendes ist in Bezug auf das Gezeichte, wie Brentano darauf Aufmerksam machte, und Heidegger darauf seine Philosophie gründete.

Die Wissenslogie meiner Philosophie ist eine Verbindung zwischen Naturwissenschaft mit der Geisteswissenschaft und als Logie des Wissens als Fühlen des Denkens und als Logie des Phänomens in der Tieferung des Bewusstscheins. Also die Logie ist das Verfahren des Wissens, des Fühlens und des Phänomens, aber nicht als Logik des Bewusstseins, sondern als Ich des Phänomens als Esraum einer Ichzeit.

Die Logie ist ein logistisches Wissen des Handelns selbst. Also die Suche nach der verborgenen Frage der

---

45 Berzal, Jordan: Wissen der Zeit. Das geeserte Ich des Umselbst als Contectumsratio des Selbstanderes und über das Denkfühlen der Wissenslogie des Zeichens des Phänomenschen. Madrid, Vivelibro, 2018. Hier Tomo II, S. 296.

Logik, ist warum die Logik sich so verhält, nicht nur der Naturwissenschaften, sondern auch das Geistiges in Ihnen, d. h. die Logie nach dem Fühlen des Denkens selbst. Sie ist ein tiefes phänomenologisches Ich nach dem Raum seiner intentionalen Existenz in. Es geht um das Ich des Phänomens.

Die Wissenslogie ist dann die Suche nach der Frage der intentionalen Inexistenz als Tiefenphänomenologie. Nicht als Transzendenz oder transzendentales Wissen, sondern ein Wissen, das sich zu den Phänomenen nähert, d. h. wie und warum ein Phänomen handelt, wie es handelt, aber nicht als Idee, oder als Sein, oder als Gotteserschaffung, sondern als Zeichen, als Schein, und als Gott selbst in der Zeit einer Erscheinung, wo Sein und Schein, Eins werden, wo Idee und Potenz, Akt und Erscheinung, Eins werden, und zwar, als Res sapiens, d. h. als Nous, der von sich selbst weiss.

So erscheint das Wissen des Selbstobjektes als die Freiheit des Selbstgewissenes. Mag sein eine Autognosis des Subjektes. Hauptsache ist ein wissendes Selbst ein Subobjekt zu verwirklichen. Es ist eine Welt des Wissens des Subobjektes, d. h. der inneren Welt (Selbstwelt), wie die der äusseren Welt (Umwelt) ein Selbstobjekt des Wissens des Umselbst zu kreieren. Verallgemeiner und Umwerter der Eigenheit.

Ich bin in den Welten meines Bewusstscheins ein geesertes Ich des Erlebens meines Res sapiens. Ich bin ein Selbstobjekt meines Res sapiens. Ich bin Res sapiens. Das ist der Grund, warum ich eine Res sapiens bin. Alles ist Res sapiens. Irgendwie alles ist in der Zeit, Nicht-sein des Res sapiens der Inexistenz. In der Welt des Wissens gründen sich Welten des Seins, als Esraum einer Ichzeit.

Die Naturwissenschaften sind Geisteswissenschaften als Res sapiens und die Geisteswissenschaften sind Naturwissenschaften als Res sapiens, eines geeserten Ichs des Esraumes (Naturwissenschaften) einer Ichzeit (Geisteswissenschaft).

Das Es ist Ich als Res sapiens meiner Naturwissenschaft.

Das Ich ist Es als Res sapiens meiner Geisteswissenschaft.

Der Ontos ist, was existiert, aber nicht existierend, ist man auch?, oder hört man die Existenz zu sein auf? Die Intentionalität aller Inexistenz ist Wissen seines Willens. Ist dieses ein Ontos, wenn es nur ein Wissen seines Willens, der es noch nicht ist?. Der Ontos ist in der Zeit, die sein wird oder in der Zukunft, die ist, deswegen ist es ein Ontos ein Sein, das in einer Inexistenz existiert, die ist oder sein wird, aber gleichzeitig war, bzw. nicht ist?.

Der Ontos ist, was existiert, aber es intentionalisiert, was es nicht ist, also dann der Ontos ist also auch was es Nicht-ist, obwohl es noch existiert. Das besagt es sein Wissen und seine intentionale Inexistenz eines Wissens des Esraumes, das als Ichzeit existiert, und deswegen, das Ontos existiert, weil es einen Raum hatte, hat und haben wird und es behält sein Sein in einer Ichzeit als Wissen seines Willens. Es ist ein semios-semionton Epistemon, wie gesagt.

Deswegen, ist der Ontos, was es war oder es existierte, oder was es ist und existieren wird. Der Ontos ist dann, was es Nicht-ist. Wissen über das, was es ist, tut es Ontos, oder wissen, was es war oder sein könnte, tut es den Ontos existierend, das heisst, was in seiner Zeit existiert, aber mit einer anderen Wahrheit, die die Zeit besagt, die eine Lüge war, aber sein Wille besagt, dass es (nicht) sein wird.

Das Zeichen ist ein Cogitatisierendes der Signifikat und Bedeutung des Wissens des Phänomens, also nach Brentano intentionale auf das Selbstbewusstliches des Wissendes als latente Perspektive der Erscheinung der Seienden. Die phänomenologische Sprache ist eine Suche nach der Zeichenwelt der Tatsachen.

Also das Wissen des Zeichens und der Zeichen spricht das Phänomen aus. Die Phänomene sind Zeichen, sie sind immer in Bezug auf etwas und dadurch entwickeln sie ein Wissen mit den Anderen. So gründet sich die Zeichenwelt. Die Phänomenologie spricht das Wort des Wissens des Zeichens.

Das Zeichen ist eine Hermeneutik der Dialektik des Phänomens, also nicht nur Vorstellung, sondern Wissenswelt der Auslegung d. h. der Dastellungsgrund und Vor-zeichenswissen des Phänomens als geesertes Ich. In meinem Buch „Wissen der Zeit" gründet sich ein Wissen des geeserten Ichs des Vor-zeichens, d. h. die eine mögliche zugrundeliegende Wissenheit der Entwicklung des Phänomens, so wie die Gründe einer neuen Metaphysik.

Das Wissen ist die Selbstauslegungskraft und eine Selbstkommunikation des Seins jedes Seienden, als logos des Willens. Das Wissen ist nun das Tor zum Sein und das Wort seiner Willheit. Also die Sprache bleibt immer noch das Haus des Seins. Ich wage es diese Aussage zu erklären und Ich kläre auch auf, wie der Aufenhalt in jenem Haus ist, bzw. wie ihre Zimmer die Sprache selbst des Hauses ihre Zeit rausbringen und rausradieren, von Innern bis Draussen [als Zusammenheit der Selbstheit und als Verallgemeinerung und Veränderung einer Eigenheit (Um-selbst)] als Wissen des Seins selbst des Sprachwillens.

Die Sprache sieht also die Wahrheit des Seins durch das Wissen und sie legt sie aus, als Wille des Wortes und als Zeichen des Bildes, bzw. als Zeichen des Wortes. Hier haben wir der Ursprung des Wortes als Zeichen des Willens als Wissen des Seins und als Wahrheit der Sprache. Daher die Aussagen „Die Sprache wäre das Haus des Seins" oder „Die Sprache, spricht" von Heidegger zurecht.

Die Sprache teilt eine Wahrheit des Seins. Wie? ist hier die Frage. Das Wissen zeicht z. B. mehrere Wörter aus jenem Sein. Das Wissen ist also ein anderes Sein seine Information anders zu erschaffen, um einer anderen Welt eine Information zu leiten. Das schwarze Loch als eine Art des Nicht-seins beschafft, dass die Information einer anderen Welt sich weitere Welten vermittelt wird.

Das Nicht-sein spricht ein Wort des Seins, d. h. eine Information des Wissens, dadurch, dass die Zeit und der Raum weitere Wissensinformation enthalten und sie nie ganz verschwindet. Wenn das schwarze Loch nicht ist, ist es auch, und damit seine Information.

Die Welt, wo sie zu finden ist, ist eine Frage des Wissens der Geschichte der Welten oder wie die Sprache sich ausdrückt, manchmal als Nicht-sein. Das Nicht-sein ist Nicht-sein, weil das Sein wissend ist, d. h. es kommuniziert eine Information der Zeit und des Raumes als wissende geeserten Iche.

Die Wissenden sind Information, und sie ist das Injektum als Sprache des Seins. Also die Sprache des Seins, z. B. der Natur, enthält eine intentionale Inexistenz als Information der Wissenden. Das Injektum der Sprache des Seins ist die

Information der Dawissenden als Dastellung der Erscheinung der Phänomene als Zeit und Raum, bzw. als geesertes Ich, und sie sind Subobjekt, damit die Information weiter vermittelt wird.

Das zeichende Res sapiens ist also ein Symbol und Ausdruck der Information der Wahrheit des Seins, damit es eine Zeit und einen Raum habe, als Phänomen und als eine Wirklichkeit, die nicht-seiend nicht-ist. Das Wissen der Zeit ist Wahrheit einer Phänomenologie eines Nicht-seins.

Und die verborgene Frage ist ein Injektum des Nicht-seins, die eine Tiefenphänomenologie des Wissens der Zeit ausübt, und eine neue Philosophie auf den Grund ihrer Verständigung zum Bewusstsein beschaffen gilt. Die Tieferung des Wissens der Zeit ist die Philosophie des Nicht-seins.

Die neue Philosophie des Nicht-seins ist in die Tiefe des Seins verborgen, und aus dem Selbstgrund des Wissens aufgetaucht. Das Wissen redet also das Wort und Phänomen zwischen Sein und der Tieferung des Nicht-seins.

Jedes unterschiedliche Phänomen beinhält eine Gemeinsamkeit und sie ist das Zeichen des Wissens in der Zeit. Bild und Symbolik deuten also einen Traum des Wissens eine Zeit zu vergöttern. So lautet das Wort der Geschichte der Philosophie überhaupt und die des Phänomens.

Mein letztes Wort, wie üblich, ist an die kommende Vorlesung gerichtet und als Aufklärung, von dem, was vorgetragen wird:

1. Die Metafühltik als Einweihung an die Metaphysik der Kunst.

2. Das Da des Metafühlens als Ichbild der Zeit, was den Bezug des schon erwähnten Da auf eine Metafühltik des Kunstschaffens und des Kunstgründens besteht.

3. Das Ichbild als Hologramm der Kunst und als Stringpraxis des Werkes. Als Wahrheit des Phänomens der folgenden Fähigkeiten:

• Música, Pintura, Escultura, Teatro, Comedia, Usw.

Und als Res sapiens des Nicht-seins.

Vielen Dank.

Die Metafühltik des Dazeichens

als Res sapiens

einer Wahrheit des Nicht-seins[46].

Von Dr. Jordan Berzal

Guten Tag meine Damen und Herren, lieber Zuhörer und Wissenden. Ich begrüsse Sie alle und heisse ich sie Willkommen an diese Veranstaltung. Wie schon angesagt wurde, teile ich ihnen mit, worum es gehen wird:

1.   Die Metafühltik als Einweihung an die Metaphysik der Kunst.

2.   Das Da des Metafühlens als Ichbild der Zeit, was den Bezug des schon erwähnten Da auf eine Metafühltik des Kunstschaffens und des Kunstgründens besteht.

3.   Das Ichbild als Hologramm der Kunst und als Stringpraxis des Werkes, als Wahrheit des Phänomens der folgenden Fähigkeiten:

*   Musik,
*   Mahlen,

---

46 **Vortrag an der Universität Baskenlandes vorgeführt (U.P.V.), SS 2020.**

- Skultur,
- Theater,
- Komödie,
- Usw.

Und als Res sapiens des Nicht-seins. Das Ichbild der Zeit einer Tieferung.

1. Die Metafühltik als Einweihung an die Metaphysik der Kunst.

„Die Metafühltik zeicht die Untersprache des Kunstwissens."[47]

Also seiendes Zeichen ist Wille des Wissens ein Selbstbewusstsein als geesertes Zeichenich zu entfalten. Erinneren wir uns, das Es ist die Physis und die Theorie eines Holograms als Res sapiens eines Ichs, als Stringpraxis, und als Zeit dessen, was das Nicht-sein seie. Das Zeichen sei die Verbindung zwischen beiden Welten, als Wissen und Nicht-wissen. Die Sprache des Zeichens ist Semiotik des Wissens des Seins. Die Untersprache zeicht die Verbindung zwischen Zeichen und Zeichenwelt als Subobjektivität der Erscheinung eines Wissens als seiender Wille.

Was der Wille der Zeichen zeicht, ist die Untersprache des Wissens eine Kunst des Seins zu werden. Die Untersprache zeicht die Zeichenwelt und die Weltzeichen durch das Wissen des Willens ein Sein zu erfahren. Das ist die Semiotik der Kunst des Wissens.

Das Daschein des Zeichens wird Untersprache der Kunst des Daseins zu wissen, d. h. anzudeuten und selbst zu denken. Ohne Bedeutung keine Zeichenwelt, ohne Zeichenwelt kein Wissen. Ohne Wissen keine Kunst der Semiotik und ohne Semiotik keine Bedeutung.

Das Wissen ist also die Macht zu sein, zum Wille, und zu werden, weil es schafft, dass sie alle eine intentionale Inexistenz als Untersprache beinhalten. Das Wissen der Semiotik ist die Bedeutung des Wassers, des Feuers, der Luft, und der Erde.

---

47 Berzal, Jordan: Wissen der Zeit. Das geeserte Ich des Umselbst als Contectumsratio des Selbstanderes und über das Denkfühlen der Wissenslogie des Zeichens des Phänomenschen. Madrid, Vivelibro, 2018. Hier Tomo I, S. 138.

Die Semiotik ist die Welt des Wissens der Bedeutung. Der Semios zeicht das Denkfühlen des Phänomens.

Das Kunstwissen ist die Untersprache der Metafühltik. Künstler zu sein, heisst, Wissen zu entfalten. Man zuhört, ohne kaum zu sprechen und nach dem die Wahrheit zu begreifen, kann man die Sprache des Zugehörtes es zurückgeben, als künstlicher Ausdruck.

Sie sind unverstanden von den Meisten und aus den wenigen Wege sind, die sich zu dem Einblick nähern, denen sich als sie jung waren, entwickelnten. Viele Künstler berühren sich, wenn sie warhnehmen und fühlen, Einfühlung und Mitgefühl, Einverständnis von sich selbst oder für jemanden oder für seine Kunstwerke als Künstler, das heisst, ihre künstlichen Kunstwerke.

Man überwindet die künstliche Unverständigung, von dem, was das Nicht-sein sagt, durch sein Sein. Sein Wissen ist Wahrheit von Realitäten und von Perspektiven. Der Genius sieht das Sein, wo das Nicht-sein Wahrheit ist.

Also seiendes Zeichen ist Wille des Wissens ein Selbstbewusstsein als geesertes Zeichenich zu entfalten. Die Sprache des Zeichens ist Semiotik des Wissens des Seins. Die Untersprache zeicht die Verbindung zwischen Zeichen und Zeichenwelt als Subobjektivität der Erscheinung eines Wissens als seiender Wille.

Also Wissen über das Erfahrenes oder Wissen des rein Gedachtes. Beide sind eine Art Wissenslogie des Denkens und des Fühlens. Also die Zeichenwelt wird gewusst. Wie? Durch Logie der Logik (phänomenologisches Denken) und durch Wissen des Fühlens.

Wir handeln in der Gegenwart der Vergangenheit wissend, eine Zukunft zu bilden und wir wissen so artig, dass die

Vergangenheit eine Zukunft hat, weil das Wissen der Zeit einer Gegenwart mitspielt. Die Zukunft des Handelns ist ein Tabu des Wissens der Gegenwart eine Vergangenheit einer Theorie zur Praxis kommen zu lassen. Daher die Techne des Wissens in der Zeit des Handelns.

Die Wissenslogie ist dann Wissen des „Sozietät" (Kategorisieren oder Verallgemeinerung) des Individualismus des Zeichens. Es ist eine Suche nach dem Ich des Es und nach dem Es des Ichs. „Las esencias manipulantes eran una versión dada por el ser existencial y su fenómeno con el que tenían que solventar una ayuda predilecta y de razón existente por el número de posibilidades de un género activo tras el cual se manifestaba la curación de ambrosia lógica de su estar en el mundo."[48]

Das Betrachten und das Fühlen, das Reden und sein Denken, das Handeln und sein Wollen, sind die Quelle des Lebens, das unser Aktionen führt, damit die Perspektive des Seins seine Wahrheit habe, die ein Wissen ankündigt, besagt und ausdrückt, damit wir ein Kunstwerk seines Wissens beschaffen (verwirklichen und kreieren), als eine Sprache oder Erkenntnis, als Realität oder Intentionalität.

Jene Sprache ist ein Fühlen, damit die so genannten Intentionalität des Seins begriffen werden kann, als eine Wahrheit des Subjektes und als Ausdruck des Objektes und als Intentionalität des Subobjektes.

Das Sein wird dann in einer Zeit des Wissens, damit sein Werk einen Grund zu sein hätte und es das Universum der Sprache einer Wahrheit würde. Die Metafühltik des Fühlens ist eine Wahrheit eines Wissens-sein-zu-wollens. Es ist mehr eine Sprache des Objektes und ein Fühlen des Subjektes.

---

48 Berzal, Jordan: Aprender a perdonar. Madrid, Vivelibro, 2014. Hier S. 92.

Dann erscheint die relative Wahrheit auf, nach einer Wissenslogie der Tiefenphänomenologie. Eine Kunst der Kommunikation des Seins mit dem Nicht-sein, das von sich selbst weiss, wo die Negation weiss.

Frei ist der Geist, der zu seinem Wissen hält. Frei ist das Wissen, das eine Freikunst beinhält. Der Genius seiner Genialität ist also dann die Kunst dieser Nothwendigkeit. Alles ist Bilder und Zeichen eines Wissens, das zeigt hin, es sagte schon Nietzsche, es zeicht nicht bestimmend, es ist reines Leben einer In-existenz, zu der das Wissen zu sein verlangt, niemand zeigt wie, weder wo, noch wann.

Es ist ein Leben, das sich selbst nachfolgt und wenn es sein Wissen findet, ergibt sich nicht, damit es immer Wahrheit seie. Das Genie ist also ewige Wahrheit eines Wissens, das immer in dem ist, was es nicht ist; es sagte es schon Parmenides und ich wiederhole es. Das Wissen ist Leben der Hoffnung, um Welten und Wirklichkeiten zu entstehen und sie zu zelebrieren.

Aber die Philosophie ist das Philos zum Wissen. Der Philosoph ist ein Überwisser, d. h. ein bewusster (Wissender) Übermensch und ein Wissender oder Überwisser und Künstler der Determinatio und der Befreiung.

Die Liebe wird nicht mehr negiert, sondern mitgeteilt und ausgeteilt. Das Wissen wird nicht nur sich selbst zu bestätigen, sondern den anderen Wissenden eine Weissheit erteilend, wie die von Buda oder der damaligen Weisen von Griechenlands, usw. Die Weissheit wird kommuniziert und transformiert, als wissender Gott zu dem Menschenverstand.

Das „kritische Wissen" wäre seine Apologie und seine Nachlassung jener neuen Philosophiesgeburt.

2. Das Da des Metafühlens als Ichbild der Zeit, was den Bezug des schon erwähnten Da auf eine Metafühltik des Kunstschaffens und des Kunstgründens besteht.

Das Dazeichen ist die Existenz des Daseins des Ichbildes und des Dascheins. Das Da ist das Bild der Kunst als Ichzeichen. Grund der Metafühltik. Das Da ist nun ein Ichbild der Zeit, weil es auf ein Dasein bezogen wird, und ein Ichzeichen des Raumes, weil es auf ein Daschein bezogen wird. Das Sein ist Da analytisch, transzendental und existenziell, ontisch wie ontologisch, d. h. ontolontisch usw. zu verstehen.

En mi opinión se debe escribir en el idioma en el que se piensa. La traducción no piensa todo lo que se escribe. El no-ser es siempre el camino de la interpretación. El Da es la imagen del arte como Yo-señal. Fundamento de la Meta-siéntica. Das Da es entonces el Yo-cuadro e imagen del tiempo, porque está relacionado con el Da-sein, y a una yo-señal del espacio, porque está relacionado con el Da-schein.

Die Physis des Seins ist das Fühlen der Liebe des Wissens, die als Zeit eines Lebens auftaucht, die über sich selbst wissen will, um Realität einer Zeit des Wissens zu sein. Die Kunst als Kritik ist also eine neue Erfahrung einer Selbstperspektivität und als solches, ihre Kritik ist immer ein neues Wissen. Jene Kritik ist dann ein aufbildendes Wissen.

Es gibt keine Kunst, die nicht ein Wissensbild einer Selbstperspektivität sei. Die Kritik ist dann Kunstwertigkeit. Weder Abschaffung, noch Unwissen, sondern ewige Umwertung und kreisende Wissenheit.

Das Sein des Genies ist auf die Zeit bezogen und auf den Raum seines Wissens bezogen. Genie, Zeit und Raum sind nun

Synonim der Wissenheit auf den Geist einer Wissenheit einer Genialität einer Sprache der neuen Bildung eines erwarteten Geistes des Zusammenfindens eines neuen Weges des Wissens selbst der Gesellschaft, in der es vorgebildet wurde. Das Genie ist also der Geist einer neuen Umwertung des Bildsystems.

Nicht nur Bildung, sondern Bildfähigkeit anzusehen, anzubetrachten, und eine neue Welt lehrreich zu sprechen und selbstzusprechen. Das Bild des Wortes ist um und das Wort des Bildes ist Wert. Umwertung ist also die neue Wortperspektive von dem Bild, was sie vorher gezeigt hat. Wie mal schon gesagt wurde, es ist das Ende des Wortes, um eine Evolution des Zeichens zu betätigen und verwirklichen zu können. Das Wort ist also ein lebendiges Zeichen, das sich selbst erkennt und erkennen braucht.

Also der Gott des Wissens, ist die Erscheinung der Erfahrung. Die Träume erscheinen Teilweise zeitlos, doch ihr Zeichen und ihr Wissen sind immer in Bezug auf ihre Intentionalität ihrer Selbstinexistenz als Sprachwissenden.

D. h. sie zeichen ein Erlebnis in der Zeit auf die Raum-Zeit-Konstellation bezogen. Der Traum ist ein Zeichen der Selbstperspektivität in ihrer Zeit-Raum-Konstellation. Die Suche nach der Tiefe des Traumes ist ein Wissensverfahren jedes Selbst, nicht ganz undefinierbar und selbstdefinierend. Daher die Traumbedeutung der Möglichkeiten des Selbstwissens des Ichs des Traumes.

Die Wahrheit des Selbstwissens des Genies ist die Suche nach dieser Verborgenheit. Die Wahrheit ist Synonim von Idealität der Realität seiend eine Idee, die ihre Zeichen verfolgt, damit sie eine reale Wirklichkeit seie. Dieses ist das Wissen, das jede Seiende ergreifen möchte, das sein Wissen seiner

Welt fühlt, als eine Idealisierung, die aber nicht transzendiert, d. h. die real ist.

Es una señal y como tal tiene una base en la realidad como una meta-siéntica. Es una experiencia del pensar, y una razón de la sensibilidad. La señal no solo es el lenguaje de la razón humana, es el lenguaje de toda realidad. Los pitagóricos y físicos sentencian que todo en la naturaleza está escrito en símbolos matemáticos.

Bien pues, mi principio postula que todo el universo es un mundo de las señales y mi búsqueda es pues, cómo y por qué se mueven éstas señales. La meta-siéntica es pues una de las claves para hacer consciente la razón de la experiencia.

Die neuen Betrachtungen des Seins sind also Perspektiven eines Wissens, um Iche zu beschaffen, die eine Wissenheit des Seins des Phänomens erteilen und die ein Wissen von sich selbst werden, damit sie (die Phänomene) sich selbst durch einen Blick ihrer Welt auslegen können, und ihres Erlebens, das ihr Vorstellung der Sprache tut, dass das Kunstwerk als ein Wissen jener Welt sei.

Es ist der Anfang nach einem neuen Wissen der Perspektiven des Seins als Kunstwerke. Das Wissen ist also dann die Sprache des Seins seiner Kunstwerke als Phänomenologie der Seienden als Wissenden. Die Wahrheit des Wissens ist das Sein einer der Wahrheiten der Perspektiven der Phänomene.

Die Kunstwerke der Phänomenen sprechen die Sprache des Wissens, damit das Sein der Wahrheit in einer Welt mitgeteilt werde, die um Wissen der anderen Phänomene bietet. Wir sind Zoontos phainomenon koinon sapiens unter weitern Phänomenen und das ist die intentionale Inexistenz des Kunstwerkes der Phanomenen der Welt.

Das ist, das Phanomen drückt sich in einer Welt aus, um mit anderen Phänomenen zu kommunizieren, besagend, welches, wie, was, womit sich jene Welt sich ausdrücken kann.

Die Kunst des Phanomens ist dann ein Zeichen des Wissens der Seienden und einer Welt, mit welcher man verbunden ist. Die Kunst ist die Welt des Erfahrenes als Gott der Wahrnehmung geschafft. D. h. die Kunst ist die Kraft der Natur einen Phänomenschen anzubilden und zu betrachten.

Die Kunst gründet das Phänomen als Wissen des Injektums der Natur. Die Kunstwerke sind die Begründung der Natur des Daseins als Essenz/Injektum des Wissens. (¿?? Una pequeña aclaración: Llamo a lo que en la esencia o substancia se basan, y representan, In-jekt-um; no solo lo que quieren decir, sino sobre lo que estos conceptos preguntan y hacen que se identifiquen a sí mismos, y es lo que es y lo que está por debajo o lo que les hace ser esencia y substancia, una base de la esencia, un qué, un por qué y un cómo, un dónde y un cuándo, la substancia ha llegado a ser una esencia. Es lo que in un sujeto lo lleva a ser saber, como sabiduría de sí mismo).

Die Zeit der Kunstwerke sind die Augen des Wissens eines Künstlers. Sei es die Natur. Sei es das Dasein. Beide sind Künstler des Wissens des Seins selbst. Das Sein ist also Kunstwerk des Wissens.

Das Sein bewirklicht das Wissen der Kunst als Phänomenwerk. Das Sein wird nun durch das Wissen seiner Kunst gezeicht. Das Sein offenbart die Kunst seines Wissens. Wie? Nach Künstler und Phänomene des Da. D. h. der Ontos zeicht seine Ontologie als Wissen seiner Kunst. Und das wird Ontolontik des Zeichens als Injektum des Wissens, Kunstwerke und Phänomenschen als Da-erscheinungen zu gestalten.

So erscheint die Aletheia der Kunst als Offenbarung des Wissens und als Sein der Seienden, als Wissenden. Die Aletheia ist nun Nous gnoeseus poietikos der Tiefenphänomenologie, als Offenbarung ihrer Da-Kunst.

Die Kunst ist die Aletheia der Sinnlichkeit. Nicht nur als Kunstwerk des Daseins, sondern auch als Phänomenwerk des Dascheins. Daher der Phänomensch als Subobjekt und als Kunst des Selbstobjektes des geeserten Ichs, und zwar, als Ichzeit eines Esraumes als Da-werk.

Die Kunst des Wissens ist also die Aletheia der Sinnlichkeit. Wie die Kunst erscheint, ist das Wissen in der Nähe. Die Kunst ist die Möglichkeit ihres Wissens, d. h. wo die Zeit relativiert werden kann. Das Kunstwerk ist das Ende dieser Zeit und deren Relativität. Der Künstler ist der Wissende jener Relativität und der Anfang, die Mittel-zeit und das Ende jener Zeit.

Die Kunst ist eine Aletheia ins Spiel zu setzen, d. h. eine Relativität zu zeichen und eine Welt darzustellen. Ins Werk setzen, von Heidegger, ist dann damit einverstanden, also als eine Perspektive des Wissens des Seins zu zeichen, die als eine Wahrheit seiner (des Werkes) Relativität erscheinen kann. Ins Werk setzen, ist eine Relativität spielen zu lassen, die eine Letheia als Aletheia der Welt und der Menschen erscheinen kann.

Die Aletheia ist also die Kunst sich als Wissen zu erscheinen. Was ist das Wissen aber, ist die Kunst als Grund meiner Philosophie.

Die Sprache des Wissens eines Welt-Phänomens in seiner Welt-Phänomenologisches ist, was es tut, dass die Sprache ein Zeichen des Gezeichnetes sei oder nach Sausseur Signifikat und Significant sei. Das Wissen des Phänomens selbst ist das

Wissen des Seins und seiner Welt. Und die Sprache dieser Möglichkeit ist nun ein Zeichen einer Wahrheit.

Die Sprache der Wahrheiten ist so ein Wissen über ein Sein des Phänomens als Perspektive seiner Existenz in einer Welt. Das Phänomen überbrückt jenes Ich-Welt zum Es-Welt, seiend sein Kunstwerk von sich selbst eine Sprache seines Da-Wissens. Das Wissen ist also dann die Kunstsprache des phänomenologischen Seins, als Schein der Existenz der Erscheinung des Willens.

3- *Das Ichbild als Hologramm der Kunst und als Stringpraxis des Werkes. Als Wahrheit des Phänomens der folgenden Fähigkeiten:*

*   Musik,

*   Mahlen,

*   Skultur,

*   Theater,

*   Komödie,

*   Usw.

Und als Res sapiens des Nicht-seins.

Die Relativität seines Einblickes ist Wahrheit in seiner Zeit. Nur die Zeit öffnet neue Welten, um zu schaffen, dass die Wahrheit erscheine. Die neue Welt vervollständigt sich durch die Wahrheiten einer Zeit, die sich erneuert betrachten möchte, feiernd eine neue Wahrheit.

Die neue Welt ist der künstliche Ausdruck. Die Wahrheit zeicht ein Bild des Ichs, die darum bietet, dass ihre Zeit käme, um eine Welt zu sein, die noch nicht von sich selbst erkannt wird, bzw. nicht ist. Die neue Welt und ihre Wahrheit ist die Sprache der Existenz der Zeit, damit ihr Einblick einer historischen Zukunft, die sich in der Gegenwart nicht sieht, sei, aber darauf besteht, dass der Blick sein Sein habe.

Deswegen das Sein der Zeit ist ein Wissen des Willens einer neuen Welt. Vergangenheit, Gegenwart und Zukunft sind die Gründe jedes Wissens einer neuen Welt sein zu wollen.

Zwischen der Zeit und ihrer Vitalität zeicht sich in einem Sein als von einer neuen Welt wissen zu wollen. Die Zeit zeicht die Möglichkeit einer Kunst und die neue Welt seines Betrachtens zu verstehen.

Also das Ich ist Welt der Stringpraxis des Hologramms des Seinbewusstseins als Wissen der Erscheinung des als Daschein der Metafühltik Selbst. Die Metafühltik des Selbst ist die Suche nach einer Ichwelt des Wissens, das sich fragt, welches Zeichen des Hologramms selbst Stringsein wird.

Als Kehre des Lebens des Wissens der Zeichen und der Kunst des Selbst. Das Zeichen des Fühlens ist das Denken des Dascheins und das Wissen der Ichratio ist das Verborgen in uns Phänomenschen. Also das Wissen enthält metafühltisches Denken, damit den Schein intuitiv ausgelegt werden kann. D. h. die Ontolontik ist die Suche nach dem Wissen, als Empiratio des Dascheins als Res sapiens einer Metafühltik.

Die Aitia und der Telos sind die Sprache des Wissens, und zwar, als die Suche des Zielgrundes des Entfaltens des Willens des Seins. Nietzsche beschreibt dieses Verfahren der Metafühltik des Wissens über die Aitia und über den Telos, wenn er über die Dichter besagt: „Sie [die Dichter] dachten nicht genug in die Tiefe: darum sank ihr Gefühl nicht bis zu den Gründen."

Das ist das Ziel und der Grund des Überwissens des Phänomenschen, als Dichter des Denkfühlens der Physik der Metafühltik. Wir entscheiden uns für eine Sache oder für ein Seiendes und sie sind den Bezug unserer Realität des Logos des Seins in einer Welt als Erscheinung oder Wissen des Scheins unserer oder der Physiologie des Res sapiens der Inexistenz als Suche nach dem Sein.

Das Sehen ist ein Fühlen von Wirklichkeiten, die eine Wahrheit verursachen, um über eine mögliche Perspektive eines Seins zu wissen, von dem, was es sich in seiner Welt zeicht und erscheint. Das Sein zu sehen, bedeutet sein Wissen zu entdecken und eine Realität zu fühlen, die nur die Erscheinung und den Wille des Phänomens auslegen kann.

Der Wille des Fühlens öffnet die Suche des Wissens, damit man ein Phänomen einer anderen Zukunft der Involution werden kann, die in der Evolution sich statt findet. Eine Wirklichkeit des Fühlens des Seins anzubetrachten, wird Wissen, damit die Genialität des Lebens selbst wieder gewollt werden wird.

Das Leben ist ein Realitätensein eines Fühlens einer möglichen Wahrheit, die als ein Phänomen einer Determinatio ist, die eine zukünftige Realität des Seins durch das Idiom des Wissens einer Involution sucht, die eine Inexistenz der gezeichten Evolution mitträgt und beinhält.

Die Wahrnehmung, die Erinnerung und die Ideen, sind Wahrnehmung der Erscheinung, als Zeichenbewusstsein der Erscheinung des Phänomens: als Erscheinung, Wahrnehmung und Zeichen eines Da. Die Wahrnehmung wird Erinnerung des Erscheinendes des Zeichens.

Das Selbstbewusstsein bildet so das Wissen seiner Welt. Das ist die Bewegung der Wahrnehmung als Zeichenleben der Erscheinung.

Die Realität anzusehen, bedeutet eine Zukunft einer Vergangenheit zu sehen, die sein wille, aber die ihre eigene Sprache noch sucht, um zu sein. Das Genie spricht Wahrheiten einer Zukunft aus, die, durch es, ist, weil es seine Vergangenheit eines Anbetrachtens einer neuen Welt sieht.

Eine Realität anzubetrachten, bedeutet eine Wahrheit des neuen Seins anzusehen, zu denken und zu rezipieren. Wirklichkeiten zu betrachten, heisst die Perspektiven des Seins in seiner Zeit anzusehen, als Geschichte und Zukunft der Wissens, damit die Voluntas des Scheins des Fühlens ihre Möglichkeit denke, um wieder als Determinatio, die ihres Phänomens als Erscheinung bestätige, sein zu können.

Die Zeit sieht Wirklichkeiten eines Seins, das war, das sein will und das sein Sein bestätigt. Die Intuitio der Wahrheiten ist Möglichkeit von Realitäten. In der Welt zu sein, bedeutet in einer Realität zu sein, und sich selbst in einem Universum von gedachten Wahrheiten von dem Wissen des Lebens zu sein.

Das Leben spricht das Idiom des Seins als Determinatio und als Phänomen, als Zeit der Wahrheiten des Seins, und als Wille eines Wissens, das sein will, bzw. als ein Da zu erscheinen. Das Sein des Lebens spricht das Idiom seines Wissens der Wahrheiten des Willens.

Über das Sein wissen zu wollen, ist die Möglichkeit einer Inexistenz einer Intentionalität zu sehen und auch ihres Bewusstseins (consciencia) des Phänomens als Wahrheit des Seins des Willens der Determinatio. Realitäten zu betrachten, bedeutet auch das Ge-wissen des Bewusstseins der Iche der Phänomene als Da-wissendes.

Eine Wahrheit zu fühlen, öffnet eine Welt von möglichen Wirklichkeiten der Phänomenen und wie diese in der inneren und äusseren Welt reflektiert werden. Die Wahrheit ist Freiheit, Welten und Realitäten zu er-kennen, und deswegen könnte man sagen, die christliche Aussage aus einem anthropologischen Standpunkt des Wissens: „Die Wahrheit wird euch befreien".

Die Wahrheit ist nun Relativität eines Fühlens des Denkens an Realitäten, die in einer Zukunft sein wollen, die schon war, aber irgendwie anders ist. Verschiedene Realitäten zu betrachten, ist die Zukunft von Iche, die sind, zu fühlen, aber andere Realität waren.

Die Zukunft der Wahrheiten ist eine Wahrheit des Wissens, das sein will. Das ist das Seinspiel, das wissen will, seiend ein Wille seiner Zeit. Man ist also dann ein Wert der Wahrheit, der das Sein, das weiss, aufwertet. Das Wissen ist nun das Kunstwerk aller Wahrheit und die Wissenslogie ist seine Aussprache, die Perspektiven eines Fühlens das Sein eines Sehenwollens einer anderen Auslegung der Wahrheit selbst, als das, was unter der Maske der Existenz des Seins des Phänomens sich verbirgt.

Das verborgene Gesicht aller Seienden verstecken viele Perspektiven und zwischen jenen die Wahrheit ihres (der Seienden) Wissens. Der Wille sein zu wissen, bedeutet über das Sein wissen zu wollen, was bisher nach Heidegger nicht geforscht wurde, aber was ist und was auslegt, was die Phänomenologie selbst tut.

Das Fühlen und sein Denken sind Wahrheiten eines Wissens, das Wahrheit zu sein will, damit sie in eine wirkliche Welt sich hineinfliesse, die die Wirklichkeit ihres Wissens perzipiert und eine Sprache, die wahrgenommen wird, aussendet, aber nicht ganz sein wird, bis die Perspektiven ihres Seinswollens gewusst werden.

Es ist dann, wenn die Wahrheit des Genies auftaucht, um eine Wahrheit einer möglichen Welt zu betrachten. Diese Welt spricht das Wort des Wissens und das Genie interpretiert sie auf sein eigenem Sein, um die Wahrheit von sich selbst und der

Welt sehen zu wollen, die sein will. D. h. dass die Wahrheit des Genies ist eine neue Welt zu betrachten, aber gleichweise der Welt eine Wertung und ein Leben zu erteilen, ergebend dem Sein dieser Welt einen Wissenswollen zu bewerten.

Die Wahrheit des Genies ist also ein Wissen, was nach seiner vitalischen Zeit existieren wird, zu bewerten zu lernen. Die Zeit ergibt ihm (dem Genie) seine Ratio, damit es in sich selbst eine Wahrheit sehe, irgendwie aus einer anderen Form gesehen oder nicht.

Diese ist seine (des Genies) Wahrheit, das heisst, was Lüge war, aber „heute" Wahrheit sein will. Das Ich der Wahrheit ist mit dem Wissen zu berechnen, damit das Sein sich durch den Wille, sich selbst wollend, bewerte. Das Genie ist also ein Wille seines Wissens, damit es Wahrheit seie.

Die Erscheinungen des Willens schaffen also, dass es ein Hologramm gedacht wird, wo man sie verwenden kann. D. h. wo das Denken eine Wirklickkeit wird und nun das Wissen in sich unter Probe gestellt wird. Das Genie ist nun der sich jenes Hologramm des Wissens sieht und dafür die Kunst der möglichen Stringtheorien als Praxis sieht. So entstehen die Welten der Kunst und das Wissen des Werkes. Weltwissens sind nun eine verborgene Kunst der Zeit, wo das Hologramm und die Stringtheorie des Wissens endlich die Kunst des Res sapiens des Nicht-seins gefunden haben.

Vielen Dank.

Das Da des Bildes als

die Wahrheit des Zeichens[49]

Guten Tag lieber Zuhörer, Ich möchte Ihnen grundsätzlich mitteilen, worum es hier in diesem Vortrag handeln wird als der letzte Vortrag meiner vorgelesenen Konferenzen. Es geht nachfolgend aller meiner Vorträge, um folgenden Punkten:

1. Das Bild des Res sapiens des Zeichens des Nicht-seins,
2. Die Welt als Kunstbild eines Da-zeichens,
3. Bildbewusstsein des Wissens einer Da-kommunikation auszudrücken und mitzuteilen.

49 **Vortrag an der Universität Baskenlandes vollbracht (U.P.V.), SS 2020.**

1. Das Bild des Res sapiens des Zeichens des Nicht-seins.

Des geeserten Ichs des jeweiligen Esraumes und der Ichzeiten des Bildes der Kommunikation des Zeichens mit dem Gezeichneten und mit dem Zeichenden, d. h. mit der Sprache des Bildes mit sich selbst. So gündet sich das geeserte Ich des Bildes durch die Kommunikation des Zeichens als Wissen des Esraumes und der Ichzeit.

Man sieht dasselbe Bild immer unter anderen Perspektiven oder man liest dasselbe Buch anders, z. B. soweit man weiss, was man sucht. Die Rezeptio des Selbstobjektes der Iche werden eine andere Eswelt, je nach Perspektive des Betrachters, dank dem Ich der Rezeptio und dank dem Selbstobjekt.

Die Eswelt ist die Suche nach der Wahrheit der Ichperspektiven neues Selbstobjektes zu rezipieren und zu entdecken. Die Welt der Rezeptio ist die Welt unseres Gottes. Z. B. das Bild „Guernika" von Picasso, oder die Lesung desselben Buches tuen, dass man immer etwas anderes ins Gehirn einfliessen lässt, oder z. B. der Bibel, sie wird immers anders verstanden, d. h. sie wird immer auf die anwesende Zeit bezogen, oder bezogen sein müssen. Daher die Interpretation des Seins und des Nicht-seins der Philosophie.

Das Bild ist Darstellung des Ichs und Wissen des Selbstscheins. Das Bild ist Erkennen des Lichtes und Augenblick des Dascheins. Das Licht ist das Auge des Wissens und das Bild ist die Darstellung des Wissens des Lichtes. Perspektive und Sinn sind dem Bild, wie die Wortstellung dem Denken ist.

Das Bild ist die Sprache der Perspektive und die Interpretation des Kunstwissens. Das Bild ist die Zeit der

Darstellung und das Wissen des Nicht-seins der Seienden. Das Bild ist das Licht des Nicht-seins und das Wissen des Augen/ blickes. Das Bild steht fest durch das Augenlicht und es fliesst durch den Augenblick.

Die Zeit des Seins ist das Wissen des Bildes. Wissen der Zeit ist nun das Bild des Seins. Das Bild ist Ich, das Licht der Darstellung vorzustellen. Das Auge des Lichtes klammert das Bild der Meinung und der Darstellung. Der Augen-blick setzt fest, wo es in der Zeit fliesst.

Die Zeit ist das Bild der Darstellung und das Wissen ist das Sein der Kunsterscheinung. Bild und Wissen sind die Zeit des Kunstwerkes. Wie??? Nach Augenbrille des Seins nach Suche- und Fragestellung des Nicht-seins. Das Nicht-sein ist das Mass des Bildes zu wissen oder nicht zu wissen.

Das Bild ist das Ich des Selbstwissens des Nicht-seins zu rechtfertigen. Das Auge zeicht das Licht des Bildes. Das Licht besagt nun welches Auge, welches Bild zu erscheinen sein kann, und zwar, als Perspektive und Interpretation. Das Bild fliesst ein und das Licht fliesst aus.

Der Augenblick und die Interpretation fliessen ein und die Perspektive fliesst aus. Das Fliessen ist die Kunst des Bildes. Was fliesst??? Das Bild. Was lichtet??? Alles. Nun wiederholt sich den Herakleideschen Spruch: „Alles fliesst".

Soweit die Idee erscheint, ist das Wissen sie zu kommunizieren, der Ausdruck des Kunstwerkes, es sei ein Bild, ein Lied oder ein Poem. Die Idee ist also ein Hologramm des Wissens, die ein Kunstwerk bewusst oder unbewusst sucht, als Kommunikation der Wissenden.

Die Vorstellung ist ein Zeichenbild der Sprache des Gedächtnis in einer Zeit also, als Erinnerung. Also die Sprache der Vorstellung ist das Gedächtnis des Zeichens eines Bildes des Wissens. „Der Schein ist Idee und die Idee ist scheinendes Bild."

Durch das Zeichen des Bildes regiert eine Realität des Wissensgefühles, nicht aber eine Substanzialität des Denkseins. Die „Religion" der Bildung hängt von ihm selbst eine Perspektive des wissenden Zeitgefühles den Wissenden zu zeichen. Das „Bild" zeicht die Kunst des Werkes.

Das ist das Bild als Vorstellung seines Willens durch das Erfahrwissen seiner Existenz. D. h. das Zeichen des Bildes ist Wissen der Vorstellung des Willens des Scheins des Seins, als Tieferung seines (des Bildes) Dascheins. Das Daschein ermöglicht das Bild des Daseins als Wissen der Innerlichkeit seines Selbstkunstwerkes (Selbstbewusstschein).

Das Kunstwerk ist also Daschein dem Dasein auszuwählen. Das ist das Verfahren der Vorstellung des Willens des Kunstwerkes. Also das Erlebnis beschafft ein Erfahrwissen des Kunstwissens des Kunstwerkes durch die Tieferung als reflexive Bildung seines Dascheins durch Selbstdasein.

Also der Künstler weiss, dass er oder sie Künstler sind bevor sie ihre Kunstwerke bilden, aber gleichzeitig kennen sie sich selbst nicht ganz bis ihre Werke Zustande kunstwerden. Und das ist so, weil das Zeichen eine Tieferung des Wissens des fliessenden Lebens ist, ein Bewusstschein des Selbst jedes Phänomens als ein Hologramm oder als Einblick seines Bildbewusstseins, als ein Subobjekt oder als ein geesertes Ich.

Das Daschein zeicht also ein Bildbewusstsein oder ein Bewusstschein des Selbst des Phänomens. Das Zeichen ist auch ein Hologramm des Wissens des geeserten Ichs als Subobjekt: Als Gestalt einer Tieferung, ein Ichbild der Zeit (Vergangenheit-Gegenwart-Zukunft) und des Raumes (Breite-Länge-Höhe) als Mischung jener Kategorien als tiefen Ansicht, als Erscheinung und als Dastellung der Anschau und deren Bildheit, d. h. also sechs Dimensional, oder Vieldimensional, ein weiteres fliessendes Hologramm als lebendige Betrachtung einer holographischen Augenblickheit des Wissens der Bildheitsmöglichkeit, wo Zeit und Raum keine Kategorien der Vernunft sind, sondern eine Augen-blicklichkeit und eine tiefe dynamische Dimension der Wirklichkeit sich anschauen lassen.

Der Künstler hat eine „Idee", wie sein Kunstwerk sein soll, aber bis er/sie seine Zeichen seines Selbstbildes nicht träumt, erkennt er/sie sich selbst nicht. Der Traum ist ein Zeichen des Bildes von sich selbst (des Künstlers). Das entspricht auch die Fähigkeit des Bildes den Beobachter als Selbstkünstler zu werden.

„Anders gesagt, wenn man ein Bild malt, weiß man zunächst nicht, wer, wie, was, wo dargestellt ist oder warum, weshalb, wieso, oder wann genau das Kunstwerk enden wird. Wir wissen nur, dass das Bild gemahlt wird. Wenn das Bild die Idee (Sein) des Subjekts (Seiendes) angenommen hat, können wir endlich sagen, dass das Bild ist, weil jemand, jedes Mal, wenn er oder sie es betrachtet, es zum Leben erweckt und wiederum uns das Kunstwerk wach hält."

Und d. h. dass wir auch Mitkünstlers des Bildes sein können. Das ist die Kunst des Kunstwerkes und die Sprache seiner Zeichen. Also das Kunstwerk ist Leben des Zeichenbildes ein Erfahrwissen zu entfalten, d. h. ein geesertes Mitich als Künstler (Kunstbild) einer Relativität zu entstehen, was als Empathie des Kunstwissens gezeicht werden kann.

Das Erfahrwissen des Kunstwerkes ist also nun eine Erkennung vor dem Kunstwerk selbst sein Zeichenbild zu enttarnen und zu entbergen. Das ist die Tieferung des Zeichenbildes nach Erkennung seines Wissens ein Kunstwerk zu werden.

Doch als Urgrund der Idee ist das Hologramm des Wissens des Res sapiens des Nicht-seins, dass das Erkennen der Welt des Seins bestätigt. Jene Welt wird erkannt, durch die Stringtheorie jenes Wissens des Hologramms. Die Welt ist nun das Kunstwerk des Seins des Wissens, sei es Wissenschaft, oder Literatur, Moral oder Philosophie.

Die Kunstwerke des Wissens sind also Hologramm und Stringtheorie des Nicht-seins des Res sapiens. Als Vorahnung oder Idee, Einfall oder sechtes Gefühl einer Stringpraxis des Wissens der Verstofflichung jenes Hologramms. Die Tieferung des Kunstwerkes ist also das Bild des Zeichens des geeserten Ichs des Wissens des Nicht-seins, sowohl der Ichzeit, als auch des Esraumes, z. B. Welten zu gründen, die zu anderen Welten des Wissens führen und die das Nicht-sein des Res sapiens überhaupt Suche und Frage, u. a. zeichen, die das Sein durch die Komunikation der Sprache des unsehbaren Wortes der Wissenden verwelten.

Das Kunstwerk ist Künstler und Kunst deswegen. Künstler und Kunst zeichen Welten einer nicht gezeichten Kunstwertigkeit. Esraum und Ichzeit des geeserten Ichs sind also Bilder eines Wissens, dass nicht-ist. Kunstwerke sind also Welten des Nicht-seins und Werke des Res sapiens und sie waren Res sapiens des Nicht-seins.

Durch die Stringtheorie des Wissens an das Hologramm des Wissens werden sie verwirklicht. Demokrit zeigte es nun als Atomen und Platon als Ideen. Hier erscheint nun die Verbindung zwischen beiden, eines Parmenideischen Nicht-sein-bestand und als modernisierte Auslegung, als Wissenschaft, oder Psychologie oder Materialismus oder deutscher Idealismus, oder Phänomenologie von Husserl, von Heidegger oder von Nietzscheswissenschaft, usw. usf. oder von Berzalszublick an die Bildlichkeit.

2. Die Welt als Kunstbild eines Da-zeichens.

Des Kunstwerkes. Die Komunikation des Da verlangt ein Wissen der Kunst. Das Kunstwerk erscheint nun als Zeichen der Sprache und des Wortes des Bildes. Das Da ergibt sich als die Kunst der Werkheit. Jedes Werk ist die Welt eines Da als Bild einer Welt des Zeichens.

Das Dawerk ist nun die Bedeutung des Weltbildes das Zeichen des Wissens vorzustellen und voranzutreiben. Das Zeichen ist also eine Welt der Sprache des Da des ungesehenen Wortes als Bild des Wissens. Was zeicht, weiss von der Welt des Bildes eine eigene Sprachform des Nicht-seins als Res sapiens unbewusst oder bewusst zu deuten.

Das Zeichen wird Sein. Kunstbild zeicht die Welt also des Nicht-seins. Das Bild ist also dann Sub-objekt des Willens des Seins, dass nur in der Zeit des Raumes ist und Ichzeit verlangt, um sein Esraum den Platz einzunehmen. Das Bild ist Da, wenn das Zeichen wahrheit wird.

Daher die vielen Perspektiven des selben Kunstwerkes. Das Bild übernimmt die Wahrheit des Da, wenn es wahrgenommen wird und ein Zeichen interpretiert. Der Versuch zu interpretieren, ist das Da zu bilden. Welt und Zeichen bilden ein Da sie verstehbar zu schaffen und damit weitere wissenden Zublicke und Kunstwerklichkeiten im Kontakt zu halten, d. h. eine wissende Komunikation mit dem Blick des Da und mit dem Grund seiner Zeit zu erbringen.

Bild und Ichzeit, Zeichen und Esraum werden Eins des Da als kommunizierendes Kunstwerk. Das Kunstwerk wird dann das Wissen einer Wahrheit und die Wahrheit eines Wissens.

Das Da ist also die Welt des Kunstwerkes. Das Dazeichen ist die ontolontische Symbologie der Welt des Da, wie das Dasein eine Werkheit des Dascheins ausfindet.

Es ist die Verbindung zwischen Welt und Werk, zwischen Utilitarismus und Verwendbarkeit, zwischen Kontext und Sinntext, zwischen Erinnerung der Zeichenwelt und Zeichen der Erinnerung, Interwerkaktion und Interpretation, Hindeutung und Umdeutung, Um- und –selbst, etc.

Das Gehirn des Universums verbindet so seine Erscheinungen. Wie??? Als geeserte Iche. Also das (unsers) Gehirn (Ichwissen) ist ein Werkzeug und ein Kunstwerk dafür. Jedes geeserte Ich (Gleichheit des Seins/Scheins) nimmt wahr, aber immer anders (Unterschied und verschiedene Welten), weil jedes geesertes Ich ein anders Denkfühlen erlebt, d. h. eine andere Welt weltet.

Bergson nennt die Beziehung der Phänomenschen „Bilder", sowohl von Aussen als auch von Innern. Ich nenne es, aber nichtgleichmeinend, Wissen des Zeichens der geeserten Iche. Also diese Beziehung zwischen Denken und Fühlen, Ich und Es, Sein und Schein, Dasein und Daschein, sind, im Grunde genommen, Wissen des Willens von Aussen und von Innern, als geeserte Iche und Phänomenschen.

Das ist die intentionale Inexistenz des Seins als Wissen des Scheins der Wissenslogie. Und die Zeichenwelt ist die Welt seiner miteinanderen Arbeit, Wirkung und des Injektums. D. h. die Zeichenwelt (Bilder der Erinnerung der Welten, u. a.) verbindet ihre geeserte Iche, d. h. „Welten" der Phänomenschen und der geeserten Iche. Also das geeserte Ich ist Erscheinung der Empathie des Universums und seiner verschiedenen Wissens und Erlebnisswelten.

Heideggers „Sein und Zeit" ist also eine Forderung des existentiellen Daseins als existentielle Phänomenologie des Wissens des In-der-Welt-seins des geeserten körperlichen Ichbewusstseins des Denkens einer Erfahrung des In-einer-Welt-zu-sein und zu wissen.

Jeder Phänomensch erlebt in der Zeit das Bild seines Zeichens. Die Sprache des Bildes des Zeichens besagt der Kaverne Platons: „Ich bin das Licht der Vorstellung meiner Ichzeit und des Willens meiner Suche." Wille und Vorstellung, Ideenwelt und Kaverne, schaffen, dass die Zeichenwelt der Zeit des Ichbildes als Erlebnis erscheine.

In der Zeit besteht das Bild des Zeichens des Ichwissens. Also nicht nur objektiver Wille und subjektive Vorstellung, sondern Bild des Zeichens des Ichwissens als Subobjekt des Res sapiens legt das Phänoumen aus. Die Sprache des Bildes des Zeichens enthält eine intentionale In-existenz der Epoche und der Biotik als Selbstbild eines Zeichens des geeserten Ichs, wo die Naturerscheinung ein Teil der Zeit des Erlebnisses ein Zeichen des geeserten Ichwissens der erlebten Zeichen eine Sprache der Selbstbilder ein- und ausfliesse. Das Bild des geeserten Ichs ist ein Zeichen dessen Zeit und Raum.

Die Kunst des Wissensbildes ist, was man als Wahrheit nennt. Das Wissen ist das Bild der Wahrheit nach ontischem Denken der Ontologie. Die Kunst des Wissenbildes ist die Erscheinung der Meinung. Das Wissensbild denkt nach Einpassung in dem Weltsein. Der Schein des Wissensbildes ist die Meinung des Dascheins.

Das Sein (Ontologie) und der Schein (Ontik) ergeben die Erscheinung des Wissensbildes. Der Blick an das Sein der Kunst ist der Aufbau eines Wissenbildes. Sein und Wissens konvergieren durch das Bild der Kunst. Die Natur zeicht das Sein des Wissensbildes durch Erfahrung der Erscheinung.

Das Wissenbild erscheint phänomenschnologisch durch das Zeichen der Kunst des Seins. Das Injektum und das Sein des Wissensbildes ist Mitteilung des Werdens des Denkens auszulegen. Man ist wissend. Und das Wissen zeicht seine Kunst dank dem Bildschein.

Das Denken nach Wissenbild zeicht das Sein der ontologischen Wahrheit und die Ontik dessen Wissensbildes bestätigt es. Die Erscheinung ist Bild des Seins und ihre Aulegung ist Bild des Wissens als Schein. Das Sein des Wissens ist Zeichen des Bildes des Phänomenschen.

Das Sein weiss über die Bilder der Natur, also der phänomenschnologischen Erscheinungen. Das Sein erscheint bildig und zeichend, und das Wissen interpretiert sein Daschein. Das Wissensbild des Seins der Natur ist involutionierte Evolution des Dascheins.

Das Umsen ist die Involution des Phänomenschen. Das Wissen des Seins ist ganze Erscheinung des Phänomenschen und sein Teil ist Bild der Perspektive, also Dascheine. Das Wissensbild ist der Wille des Zeichens.

3. Bildbewusstsein des Wissens einer Da-kommunikation auszudrücken und mitzuteilen.

Es gibt kein besseres Zeichen, als dem Bewusstsein ein Nicht-sein zu mitteilen, um sein Res sapiens zu ergründen. Das ist die Kommunikation der Welt der Zeit mit der Dialektik des Nicht-seins. Die Anti-these ist die Umwertung des Res sapiens. Das Bildbewusstsein deutet die Um-(wertung) des -selbst an, wo das Wissen ein Nicht-sein der Zeit ausspricht und das Bildwort eine Idealität als Hologramm des schon meta-fühltischen wissenden Willens eine Ontolontik wiedergründet.

Es ist eine Ontik der Ontologie und das Wissen der Umwertung der Welt einer Idealität, wo das Bewusstsein ein Bild in der Zeit mahlt, gründet und einräumt. Daher verstehen wir und jede Person, die Bilder immer anders, weil was die Bilder ausdenken, selbstmitteilen und mit dem Wissen eines anderen Zeitwillens einem anderen Raumbewusstsein bilden, ist die Fremdheit unseres Bewusstseins.

Es ist der Wille der Ontik des Wissens einer Ontolontik, die das Bildbewusstsein erschaffen und ausbilden. Bild heisst dann, wie der Wille des Wissens übertragen wird und nun auch wie das Nicht-sein des Bewusstseins konzipiert wird. Das Da ist also dann ein wichtiger Teil unseres Erkenntnisses.

Das Da ist, die Tiefenphänomenologie des Bildes des erscheinenden Ontologie jedes Res sapiens. Wenn man fragt, was ist das Da? Das Da ist eine Art Tiefenontos der Ontologie, also wie, wann, wo, warum ist das Bild ein Wissen oder ein Kunstwerk, und in Grunde genommen, warum und wie ist jede Wissenschaft und jede Kunst als solches zu betrachten.

Das Bild ist die Kunst hinter der Kunst als Nicht-sein. Das Bild ist am Werk, wenn das Bewusstsein der Kunst eine Tieferung erreicht. Die raison d´etre des Bildes ist das Hologramm des Wissens und eine Stringpraxis des Wissens auszudrücken und mitzuteilen.

Die Zeichen werden von dem umbewußten (Unbewusst/ Bewusst) Verstand der Intentionen verwendet. Also, solche Zeichen sind auf ihren praktischen Gebrauch in der Welt der Umbewußtheit begründet. Es gibt Zeichen, sowohl natürliche als auch psychische, die nicht nur den bewussten, gebrauchbaren Systemen entsprechen.

Die Intentionalität wird in ihrer eigenen umbewussten Möglichkeit zur Verwirklichung entwickelt. Dieser Semiotik sich zu wenden, bedeutet sich auf die Zeichen und auf die Intentionalität des umbewußten Seins der Zeichen der Relativität zu widmen.

Die umbewusste Intentionalität mit sich selbst, entfaltet eine Interpretation, sowohl um sich eine Realisierung im Bewusstsein zu schaffen, als auch damit eine Kommunikation ungewusst, bzw. erfahren werden kann, das heisst, aufgenommen, und auf diese Art sie interpretiert werden kann.

Daher können wir nicht sagen, das die Zeichen nicht sind oder nicht seien. Die Zeichen sind in einer Zeit, als Realismus des Wissens, daher „zeichender Realismus", als zeichende Sprache. Ich weiss nicht sicher, ob Gott existiert, oder verewigt lebt oder nicht.

Ich kann nur wissen, das Sein ist wissend. Aber das Zeichen und die Zeichen egal, ob das Sein ist oder nicht ist, wie Schrödinger meinte, ihre Zeichen da sind. Von dem Big-

Bang zu Gott, von Daschein zum Dasein, usw. Die Zeichen sind Res sapiens des Seins und des Nicht-Seins.

Meine Arbeit ist und wird sein, zu zeichen, was der Untergrund aller Philosophen gewesen ist: Die Suche nach dem Wissen seiner Zeit. Also welche ist der Grund ihre (der Zeit) Philosophien gewesen ist. „Gott" (der Phänomensch) sei ein zeichender Wissender des Seins. Und die Natur und ihr Wissen sind sein Werk, als geschichtliches Umbewusstsein.

In der Tat, es gibt immer andere Signale, andere Zeichen, die Normalerweise nicht nur von der sogenannten „bewussten Vernunft" ausgelegt, bzw. interpretiert werden. Die Intentionalität, das Denken, das Wissen und das Handeln sind nicht nur aus einem bewussten Kontext zu definieren.

Sie fordern Auslegung und Interpretation, und diese fordern zugleich Kommunikation. Zu wissen, wie man ein Zeichen interpretiert, impliziert nicht nur die Erkenntnis des bewussten, semiotischen Kodes zu kennen, sondern auch die unbewusste Kommunikation, als Wissen des Wissens, als zugrundeliegendes Umbewusstsein zu erkennen, dass dieses für einen praktischen Gebrauch bedeuten kann. Dieses bezeichnen wir als die „umbewusste Kommunikation" ihrer Interpretation des Bewusstseins und des Unbewusstseins.

Erstens, wir lesen ein Buch nicht aus den selben Gründen, bzw. Grundlagen, als wir eine Biene oder einen Baum wahrnehmen, oder wie die Tiere ein Blatt durch den Wind schwebend wahrnehmen. Das bedeutet, dass im Grunde genommen, die Bestimmheiten der Bedeutungen nicht nur von der menschlichen Praxis abhängig sind.

Und zweitens aber, die Transzendenz, d. h. die Auslegung zu Kenntnissen einer solchen Wahrnehmung wird bestätigt, inwiefern wir über sie nachzudenken anfangen. „Die Gedanken kommen zu uns. Sie neigen zum Sein im Seienden. Die Vernunft gibt ihnen nur die mögliche Form. Die Gedanken zeichen den Weg. Wir wählen nur die Entscheidung des Nicht-Weges."

Dieses Vakuum der Semiotik, bzw. das Zu-denken, dass sie nur in Begriff des Menschen zu verstehen ist, d. i. was in der Kommunikation und in der Verständigung solcher Mitteilung etwas fehlt, dass dadurch zu bestimmen ist, bzw. verständigen zu lassen ist, soweit ein Subjekt ins Spiel Gesetzt wird, folgt, dass semantischerweiser keine Endtheorie (vollendete Exegese/Semiotik) sein darf, bzw. sein kann, die endgültige Bestimmtheit erhalten soll, da eine Anfangstheorie (es etwas auszulegen gibt) immer im Vordergrund besteht, weil sie von Subjekten und ihren Interpretationen abhängig ist.

Man tut aus der Kommunikation des Wortes ein Sein, das verborgen durch die Sprache bleibt. D. i. ich sehe 2 gründlichen Merkmale des Wortes: 1. Man denkt politisch an eine Scheinheit der Sprache. Und 2. Das Wort als politische Selbstkunst des Gesprochenes.

Die Kommunikation des Zoontos ist Logos der Scheinheit seiner Kunst. Also die Kommunikation zeicht ihre politisches Wort einer Intentionalität des Sprechens als Wert zu schätzen. Das Kommunizieren des Wortes teilt aber nicht, was politisch das Sein des Wissens des Wortes mitteilen würde, mit. Die Sprache, die nicht denkt, ist was politisch der Herde anmacht. Das ein Zeichen des am ersten und dritten vorgeselesenen Vortrag über die Sprache, und zwar, Zeichen-Wahrheit-Sprache oder Sprache-Zeichen-Wahrheit.

„Ésta era el aprender a perdonar de toda instancia y vestigio del ser interpretativo y estado de las cosas de la composición de un ser." "El ser se veía de otra forma de visión por su resguardo en el tiempo y así era la manutención de la palabra. El tiempo les daba razón de ser y la señal avalaba tal directriz de mando interestelar y era una virtud de la conciencia."

"El pensar desafiaba a la construcción del lenguaje servicial que teníamos, sólo que la verdad de nuevas formas de arte, se llevaban el ímpetu de progresar y así sentaban las bases de todo conocimiento verbal."

Das ist, das unsehbare Wort des Dawissenden intentionalen InexistenzSeins des Bildes zu erkennen und dadurch das Res sapiens des Nicht-seins. Eine Idee zu haben, ist nichts, soweit sie nicht mitteilbar ausgedrückt wird. Die Mitteilung des geeserten Ichs der Razón de ser, ist das Zeichen der Kunst jedes Bildes, jeder Idee oder jedes Zeichens.

Das geeserte ich als Hologramm des Wissens ist wo die Einbildung und die Vorstellung die Ratio des Seins durch eine Stringtheorie mitgeteilt wird. Also die Vorstellung des Bildes ist durch die Mitteilung als Stringpraxis erfasst und zur Wirklichkeit getrieben.

Dafür ist die Zeit des Kommunizierens ein Zeichen des Umselbst des Bildes, nicht nur psychologisch, sondern wissenslogisch und dialektisch. Ein Bild zeicht auf etwas Bestimmtes seiner Zeit. Das Zeichen ist die Sprache und Kommunikation des Bildes. Also das Zeichen legt das Bild selbst aus. Die Vorstellung ist z. B. eine Art, wie dieses Zeichen bildlich erscheint.

Das Zeichen ist die Bedeutung des Bildes. Das Bild ist das Ausgelegtes des Zeichens. Das Bild ist Form und Inhalt. Das Zeichen ist ihr Inhalt des Wissens. Die Zeit der Zeichen bildet ein Bewusstsein, wie die Geschichte der Kunstentwicklung der Bilder zeicht.

Die Bilder enthalten ein Zeichen seiner Zeit, z. B. der Geschichte, des Künstlers, der relativen Anthropologie, usw. Die Bilder zeichen nicht nur das Selbst, sondern auch das Umselbst. Das ist das Selbstwissen des Künstlers. In jedem Bild versteckt sich ein Ichzeichen seines Selbstbewusstseins (Selbstbewusstschein).

Was meine ich damit? Jedes Bild ist ein Kreuzzug in die Welt des gezeichneten Bewusstseins des Kunstwerkes und des Künstlers in die Kunst. Das ist die Kunst des Zeichens, zu wissen, zu deuten und auszulegen. Die Darstellung der Vorstellung ist z. B. eine Art, wie dieses Zeichen bildlich erscheint und ein Vor-bild darstellt.

Das Vor-bild ist phänomenlich zu verstehen, also die Contectumsratio des Gebildetes und als Vor-bild des Zeichendes, d. h. als Wissenslogie und als Geschichte des phänomenalen Bildes, d. h. was hinter der Geschichte des Phänomens uns das Tiefenphänomen des Wissens erzählt.

Das Res sapiens des Nicht-seins ist also das Zeichen der Metafühltik des Bildes als eine Wahrheit, und zwar, als eine wissende Perspektive der Kunst. Das Genie ist der weiss, wie seine Idee auszudrücken, mitzuteilen und stringpraktisch fassbar zu determinieren.

Das ist der Grund seines Hologrammswissens. Eine Da-suche für sein Da-wissen seines Da-fühlens eine Dawissende intentionale InexistenzSein kunstzubilden. Die Perspektive ist nun die Wahrheit seines Wissens. Das Bild ist ein Bild des Künstlers, nicht nur als gedachte oder gefühlte Idee, sondern als Mitteilung mit sich selbst und als kommuniziertes Werk seines geeserten Ichs.

Das ist das Res sapiens des Nicht-seins des unsehbaren Wortes als Da-erscheinung als Mitteilung seines Selbstseins, und dadurch Dawissende intentionale InexistenzSein, z. B. Das Sein zeicht. Das Wissen bildet. Der Wille spricht. Das ist die Kommunikation der Wissenden, als freie Determination. Die Freiheit besteht aus wissender Komunikation mit den wollenden Seienden, und zwar, als Selbstwissenden ihres eigenen Dazeichenbild.

Vielen Dank für Ihren Besuch an allen meinen Gespräche und Lesungen.